Jinny Beyer's   Farblehre für Patchwork

Jinny Beyer's

Farblehre für Patchwork

*Kreativer Umgang
mit Farben und Stoffen*

Verlag Th. Schäfer

Hannover

© 1992 für die amerikanische Originalausgabe
„Jinny Beyer's Color Confidence for Quilters"
The Quilt Digest Press - NTC/Contemporary Publishing Group,
Inc, Lincolnwood (Chicago), Illinois, USA, und Jinny Beyer

Lektorat: Bill Folk und Nancy Bruning
Zeichnungen und Illustrationen: Dan Ramsey
Fotos: Sharon Risedorph

Deutsche Ausgabe:
© 2000 Verlag Th. Schäfer, Hannover
„Jinny Beyer's Farblehre für Patchwork"

Übersetzung: Dorothea Oberberg
Lektorat: Joachim F. Baumhauer
Umschlag und Gestaltung: Werner Geißelbrecht
Satz: topLetter, Seelze
Gesamtherstellung: Wing King Tong, Hong Kong

ISBN 3-88746-409-5
Best.-Nr. 9308

Im Andenken an Michael Kile –
sein Streben nach Vollkommenheit hinterließ
bleibenden Eindruck

Mein ganz besonderer Dank gilt dem Verlag
The Quilt Digest Press, der mir die
Gelegenheit gab, dieses Buch zu schreiben
und mich mit genügend Inspiration versorgte.
Außerdem danke ich Dan Ramsey für die
Gestaltung der Abbildungen, Hans Andress
und Jill Johnson für ihre Mitarbeit an den
Stoffentwürfen, Rick Cohan, Präsident der RJR
Fashion Fabrics, und nicht zuletzt den
Quiltern, deren Arbeiten diese Seiten zieren:
Jeff Bartee, Darlene Christopherson, Barb
Celio, Loanne Hamje, Jennifer Heffernan, Kay
Lettau, Robin Morrison, Jay Romano, Kathy
Light Smith, Toni Smith, Kay Sorensen und
Judy Spahn. Mein Dank gilt auch Nancy
Bruning, Leonore Parham und Bonnie Stratton
sowie all meinen Schülern, die mich mit ihrer
Begeisterung unterstützt haben.

Jinny Beyer

Einleitung

Ich erinnere mich noch genau an meine Volksschullehrerin. Uns kam Miss Newton uralt vor, bestimmt war sie hundert Jahre und furchtbar streng.

Zu dieser Zeit hatte ich zwei Lieblingsfarben, Rosa und Lila. Ich genoß es, neue Buntstiftschachteln aufzumachen und die nebeneinander liegenden Stifte mit ihren wunderschönen Spitzen zu betrachten. Innerhalb kürzester Zeit waren meine rosa und lila Buntstifte nur noch Stummel, alle anderen immer noch lang und spitz. Was ich auch anmalte, Rosa und Lila mußten dabei sein – viel Rosa und viel Lila.

Eines Tages saß ich an meinem Pult über meinem Zeichenblock und freute mich am Spiel der rosa und lila Farben auf dem Papier, als ich spürte, wie ein großer Schatten auf mich fiel. Ich wagte einen Blick über die Schulter und erstarrte – hinter mir stand Miss Newton mit ihrem straffen, grauen Knoten im Haar, dem schwarzen Kleid mit kleinem weißen Kragen und den schwarzen, spitzen Schnürschuhen. Sie beugte sich über mich und starrte mit strengem Blick auf mein Bild. Ich rutschte tiefer in meinen Stuhl, hoffentlich würde sie weitergehen, aber ihre Hand schoß vor und griff meine rosa und lila Buntstifte. „Immer malst Du nur rosa und lila!" hörte ich sie mit ihrer schrillen Stimme sagen, so laut, daß alle es hören konnten. „Warum malst Du alles immer rosa und lila? Rosa und Lila passen nicht zusammen, das beißt sich! Ich will nie wieder Rosa und Lila zusammen bei Dir sehen!" Dann marschierte sie nach vorn, zerbrach beide Buntstifte und warf sie in den Papierkorb.

Noch Jahre später konnte ich Rosa und Lila nicht nehmen, auch wenn ich rosa und lila Buntstifte sah und große Sehnsucht hatte, beide zusammen harmonisch einzusetzen. Ich hörte einfach immer noch die schrillen Worte: „Rosa und Lila passen nicht zusammen!" Auch heute noch, viele Jahre später, muß ich an Miss Newton denken, wenn ich ganz frech die Farben Rosa und Violett, Rot und Violett oder Blaurot und Violett in einem Quilt verwende. Ich bin sehr froh, daß ich keine Angst mehr haben muß, die Farben könnten nicht „richtig" sein. Ich bin auch froh, soviel Zutrauen zu meinen Farbentscheidungen zu haben, daß ich mich nicht mehr von anderer Leute Meinung einschüchtern oder beeinflussen lasse.

„Ich kenne mich mit Farben nicht gut aus", diesen Satz höre ich oft in Patchwork-Geschäften, in Kursen oder bei Treffen von Quiltclubs. Im täglichen Leben trifft jeder ständig Farbentscheidungen, trotzdem tun sich viele schwer damit. Was hat es mit den Farben auf sich, daß sie Leute ängstlich machen? Warum haben sich vor ein paar Jahren so viele Frauen ihre Farben „bestimmen" lassen und sich danach kein Kleidungsstück mehr gekauft, das nicht haargenau den Farbproben entsprach, die ihnen der Farb-Ratgeber dringend ans Herz gelegt hatte?

Warum fühlen wir uns so unsicher bei der Entscheidung, welche Farben uns gut stehen, daß wir uns von wildfremden Menschen vorschreiben lassen, welche Farbtöne wir tragen sollen? Warum liegt uns so viel daran, vom Ladeninhaber Farben und Stoffe für einen Quilt vorgeschlagen zu bekommen? Weil wir kein Selbstvertrauen im Umgang mit Farbe haben!

Vielleicht kennen wir alle eine Miss Newton. Der Abglanz des Farbkreises bedroht uns wie ein dunkler Schatten. Erst wenn wir die klassische Farbtheorie ganz verstanden haben, können wir reibungslos mit dem Farbkreis arbeiten. Zuletzt fühlen wir uns durch die vermeintlichen Regeln der Farbkreis-Theorie nur gehemmt, anstatt mit Farben zu experimentieren und unterschiedlichste Möglichkeiten einfach auszuprobieren.

Es ist ganz wichtig, in Fragen der Farbe dem eigenen Empfinden zu folgen und sich nicht durch anderer Leute „Regeln", was zusammen paßt und was nicht, beeinflussen zu lassen. Vor einiger Zeit hatte eine Frau in einem meiner Kurse fünf koordinierte Stoffe für einen Quilt zusammengestellt, die vier verschiedene Farben enthielten. Auf meinen Vorschlag, eine weitere Farbe als Glanzlicht hinzuzufügen, sagte sie: „Aber meine Patchwork-Lehrerin hat gesagt, wir dürfen nur vier Farben in einem Quilt verwenden."

Was glauben Sie, wie viele Farben in meinem Quilt „Borealis" auf Seite 67 enthalten sind? Auf den ersten Blick denkt man, nur Violett und Rot. Wenn man aber jede einzelne Farbe auflistet, kommen dazu noch Schwarz, Grün, Burgunderrot, Lavendelviolett, Grau, Blau, Zartlila, Rosa und so weiter. Wo hört eine Farbe auf und wo fängt die nächste an? Wie unterscheidet man eine Farbe von der anderen? Wo sind die Grenzen zu ziehen? Wann hört Rot auf, Rot zu sein und wird Rotviolett? Wann ist Graublau nicht mehr Blau sondern nur noch Grau?

Es war ein glücklicher Zufall, daß ich meinen ersten Quilt in Indien anfing, weit entfernt von anderen Patchworkerinnen. Dadurch war ich gezwungen, Farben nach meinem eigenen Geschmack zu wählen und nicht solche, die andere empfahlen. Damals hatte ich wenig Zutrauen in meine schöpferischen Fähigkeiten und hätte mich leicht von den Farb- und Stoff-Vorschlägen anderer Patchworker beeinflussen lassen. Mein erster Quilt war ein „Grandmother's Flower Garden"-Quilt (siehe Abbildung 1). Eine Anleitung für das Muster konnte ich in Indien nur in „Aunt Martha" finden, einer Broschüre für Patchworker in Schwarzweiß („Aunt Martha"-Broschüren waren Anfang der Siebziger eine der wenigen Quellen für Patchwork, die es gab). Darin war nur die sechseckige Schablone abgebildet, ihre Anordnung im Muster, Farben wurden nicht genannt. Hätte ich damals in den USA gelebt und Kontakt zu erfahrenen Patch-

workern gehabt, hätte ich sicherlich alles „richtig" machen wollen. 1972 waren Quiltentwürfe noch ganz traditionsgebunden, und irgend jemand hätte mir wahrscheinlich gesagt, daß in einem „Grandmother's Flower Garden" das zentrale Sechseck immer gelb ist, die umgebenden Hexagone Blumenfarben haben, und der Hintergrund weiß ist. So wurde dies Muster in den Jahren 1930 bis 1950 traditionell ausgeführt, und ich hätte ganz folgsam meinen Quilt entsprechend genäht. Da ich davon aber nichts wußte, war die Farbgebung für meinen ersten Quilt nur von einer negativen Entscheidung beeinflußt.

Kurz bevor ich mich entschlossen hatte, einen Quilt zu nähen, beschlossen einige Frauen der amerikanischen Gemeinde in Neu-Delhi, sie wollten einen Verlosungsquilt selbst nähen. In meiner Kindheit gab es keine Quilts, und bis dahin hatte ich nur sehr wenige gesehen. Eigentlich wußte ich gar nicht, wie Quilts aussehen sollten. Matratzenschoner waren die einzigen Quilts oder gesteppten Decken, die ich kannte. Als ich dann den fertigen Verlosungsquilt sah (auf weißem Hintergrund waren Blumen appliziert und die ganze Fläche war rautenförmig gesteppt), dachte ich deshalb an eine gesteppte Matratzenauflage mit aufgeklebten Blumen. Heute kenne ich durchaus den Wert von „White on white"-Quilts (Quilts aus weißem Stoff, mit weißem Garn gequiltet) und komplizierten Patchworkmustern, damals aber war dies für mein ungeübtes Auge nur ein „Matratzenschoner". Und mein nächster Gedanke war: „Wenn ich jemals einen Quilt nähe, soll er nicht wie ein besserer Matratzenschoner aussehen."

Diese Erfahrung führte mich ganz weg von der Vorstellung einer Matratzenauflage, und sie brachte mich dazu, daß ich für meinen ersten Quilt die dunklen, satten, gedämpften Farben der handbedruckten indischen Baumwollstoffe wählte. Daß diese Farben sehr anders waren als die, die zur gleichen Zeit in meiner Heimat benutzt wurden, wußte ich nicht. Ich wollte einfach mit diesem Quilt etwas Schönes herstellen, das mich befriedigte, in Farben, die ich selbst gern leiden mochte. Bei meiner Heimkehr schloß ich mich einer Quilt-Gruppe an. Als ich zum ersten Mal meinen „Grandmother's Flower Garden"-Quilt zeigte, bekam ich viele Komplimente wegen meiner Farbwahl.

„Ihre Farben sind so ungewöhnlich … Was haben Sie für einen Farbsinn!" Meine Farben waren wirklich anders, als die 1972 in den USA üblich waren. Die Anerkennung, die ich für diesen Quilt erfuhr, gab mir genug

Selbstvertrauen, Patchworkarbeiten und ihre Farbgestaltung weiter zu erforschen, und mein Interesse wuchs, eigene Farbzusammenstellungen und Quilts zu entwerfen, statt fremde Arbeiten zu kopieren.

Ein paar Monate später beim monatlichen Treffen meiner Quiltgruppe wurde ich jedoch wieder unsicher. Die Frau, die die Veranstaltungen organisierte, suchte Beiträge für kommende Treffen. Jemand sagte: „Jinny kann so schöne Farbzusammenstellungen machen, warum macht sie nicht eine Veranstaltung über Farbe?" Alle fanden die Idee gut, und bevor ich mich versah, hatte ich mich bereit erklärt, die Gestaltung für das nächste Treffen in

Abbildung 1 *„Grandmother's Flower Garden", 1972 – Jinny Beyers erster Quilt*

einem Monat zu übernehmen. Die restliche Zeit bei dem Treffen war ich wie gelähmt, tausend Fragen quälten mich. Warum hatte ich bloß zugesagt? Was sollte ich den Teilnehmern erzählen? Wie konnte ich vor anderen Leuten über Farbe sprechen, wenn ich selbst doch gar nichts darüber wußte?

Nach dem Treffen sprach mich eine Teilnehmerin an (ich wußte, daß sie Kunst studiert hatte und fühlte mich minderwertig) und sagte: „Ihre Veranstaltung wird wahrscheinlich sehr interessant! Sie könnten einen Farbkreis aus Stoffen zusammenstellen und die Farbtheorie an bedruckten Stoffen erklären!" So etwas wollten sie von mir hören? In Panik lief ich nach Hause und zog das Kursverzeichnis der Volkshochschule wieder aus dem Mülleimer, das tags zuvor gekommen war. Verzweifelt suchte ich nach einem Kurs in Farbtheorie, der sofort anfangen würde. Es gab keinen. Am nächsten Tag rief ich bei der Universität an, ob es dort einen Kurs gäbe. Das ja, aber es würde mich 1200 Dollar als Gasthörer kosten, und er würde erst in drei Wochen anfangen. Danach ging ich zur Bibliothek und sah mir jedes Buch über Farbe an, das im Regal stand.

Tagelang versuchte ich, Begriffe wie primär, tertiär, binär, Ton, Schattierung und Pastell, Komplementärfarbe, Triade und so weiter und die Zusammenhänge zu verstehen, bis ich schließlich anhielt und tief Luft holte. Dann war mir klar: „Die Leute wollen nicht erzählt bekommen, was ich per Schnellkurs in einem Monat über Farbtheorie lernen kann, sondern sie wollen wissen, wie ich persönlich arbeite und wie ich mit Farbe umgehe."

Ich schob die Bücher zur Seite, ging zu meinen Patchworkarbeiten über und begann, meine Vorgehensweise zu analysieren. Mit einigen Ergebnissen war ich zufrieden, andere gefielen mir überhaupt nicht. Bei manchen Quilts hatte ich viele Farben verändert, bis ich endlich zufrieden war, andere Arbeiten waren hoffnungslos schlecht und völlig unbrauchbar. Was war der Unterschied zwischen den beiden Gruppen?

Die Vorbereitung auf dieses erste Seminar vor zwanzig Jahren brachte mich dazu, meinen instinktiven Farbensinn mit dem Verstand zu erfassen und zu erklären. Damals begann mein heutiges Farbsystem, Form anzunehmen. Als ich in meiner Lehrtätigkeit fortgeschritten war, interessierten sich immer mehr Leute an einem meiner Farbkurse, und ich bemühte mich, noch besser zu verstehen, warum eine Farbzusammenstellung für mich erfolgreich aussah oder nicht. Als ich vor ein paar Jahren mitten in den Vorbereitungen für mein jährliches Hilton-Head-Seminar steckte, meinten mehrere Kollegen, es sei an der Zeit, mein Thema über die klassische Farbtheorie in den Themenkreis des Seminars einzufügen. Ich schluckte. Wie kann ich Farbtheorie lehren, wenn ich selbst doch nicht damit arbeite? Sie meinten, ich täte es wohl, wüßte es nur selbst nicht. Da fragte ich: Weshalb können andere nicht so wie ich arbeiten? Wenn die klassische Farbtheorie mir immer noch Angst einjagt, geht es andern doch sicher genau so. Es mußte einen Weg geben, anderen beizubringen, wie Farbe für einen selbst arbeitet. Schließlich entstanden eine Reihe von Übungsaufgaben und, wichtiger noch, einfache, praktische Hinweise auf meine Arbeitsweise. Damit wurde auch mein eigenes Arbeiten zielstrebiger. Früher fing ich einen Quilt mit ein paar Blöcken an, stellte dann fest, daß etwas fehlte. Ich änderte hier und da etwas und war nach langem Probieren und Verwerfen endlich zufrieden mit dem Ergebnis. Jetzt entwerfe ich Farbpaletten mit genau den Übungen, die ich für meine Kurse entwickelt habe und die ich in diesem Buch erkläre, bevor ich den Quilt anfange. Seit ich die Farbgestaltung so systematisiert habe, mußte ich nie wieder eine Farbe in einem Quilt ändern, nachdem ich angefangen hatte zu nähen; früher dagegen mußte ich andauernd Farben auswechseln. Eine vorher zusammengestellte Palette funktioniert!

Als ich vor vielen Jahren mit eigenen Entwürfen für Quilts anfing, suchte ich immer nach einem Weg, sie nicht-mathematisch darzustellen, mit einfacheren Mitteln als Formeln, Algebra und komplizierten Zeicheninstrumenten. Genauso wie ich geometrische Muster für Quilts eher auf praktische Art entwerfe als auf mathematischer Basis, so ist auch meine Art, mit Farben umzugehen, eher praktisch als theoretisch orientiert. Obwohl ich in der Schule nicht mehr als Mittelstufen-Geometrie gelernt habe (mit sehr schlechten Noten), kann ich doch fast jedes geometrische Muster in Stoff umsetzen. Mir fehlt auch bis heute dieser Kurs über die Theorie der Farben; aber ich denke, ich habe in den Jahren als Kursleiterin und Patchworkerin viel über Farben und ihre Beziehungen zueinander lernen können, und so ist schließlich dieses System entstanden, das auf einfache und leicht erlernbare Art den Umgang mit Farben lehrt. Dies Buch soll all denen helfen, die mit der formellen Farbtheorie, mit Farben-Fachbezeichnungen und Farbkreisen nichts anfangen können. Mit meinem einfachen System möchte ich sie zu neuem Selbstvertrauen und Mut zur Farbe führen.

Über dieses Buch

Die Art, wie wir immer wiederkehrende Aufgaben bewältigen, verändert sich mit der Zeit. Jedes Erlebnis kommt unserem Erfahrungsschatz zugute und beeinflußt unsere Art zu denken und zu handeln und Neues zu schaffen. Meine Farbgestaltung ist heute sehr anders als vor zehn Jahren, und Ihre hat sich sicher auch verändert. Meine Einfälle und Ideen sind oft noch dieselben, und meine Farbwahl für Quilts ist im Prinzip unverändert, aber die vielen Jahre, in denen ich unterrichtete, Quilts entwarf und ausführte, haben die Palette meiner Gestaltungsmöglichkeiten sehr erweitert, und sie haben das Selbstvertrauen in meine eigene Farbgestaltung und ihre Lehre gestärkt.

Dieses in den letzten Jahren entstandene Farbsystem, das ich im Folgenden beschreibe, basiert auf einer Meisterpalette von Stoffarben, die das gesamte Spektrum abdecken. Im Folgenden werden Sie Ihre persönliche Meisterpalette unter meiner Anleitung zusammenstellen, sie wird für alle künftigen Quilt-Projekte Ihr ganz individuelles Werkzeug zur Auswahl von Farben sein.

Kapitel 1 erläutert Schritt für Schritt die Zusammenstellung Ihrer persönlichen Meisterpalette. Im Idealfall sollten Sie Ihre eigenen Stoffe verwenden. Wahrscheinlich haben Sie schon fast alle Farben für die Palette in Ihrer Stoffsammlung; Lücken können Sie gut mit den ab Seite 137 abgebildeten Stoffproben füllen. Wahlweise können Sie aber auch die ganze Palette mit diesen Stoffproben-Abbildungen zusammenstellen oder ein anderes Hilfsmittel benutzen, das auf den Seiten 134 und 135 genannt wird.

Die Meisterpalette ist Ihre persönliche Referenzreihe für Farben; ist sie erst einmal zusammengestellt, läßt sie sich vielseitig verwenden. Die Meisterpalette hilft, die Übungsaufgaben in jedem Kapitel auszuführen und zu verstehen; sie hilft, Farblücken in der eigenen Stoffsammlung zu erkennen; sie kann als Muster dienen, wenn Sie die Farbpalette für einen bestimmten Quilt zusammenstellen wollen. Bei der Arbeit mit dieser Palette werden Sie die drei meiner Meinung nach wichtigsten Voraussetzungen für eine erfolgreiche Farbzusammenstellung kennenlernen: die **Abstufung** (Schattierungen jedes Farbtons, sowohl von einzelnen als auch von Mischfarben), das **Tiefdunkle** (eine Farbstufe, die dunkler ist als die gewöhnlichen Schattierungen anderer Farben) und der **Akzent** (eine Stufe einer Farbe, die intensiver ist als andere Farben).

Diese drei Bestandteile bilden die Grundlage meines Farbsystems, wobei die Farbwahl keine Rolle spielt. Bis vor kurzem sprach ich in meinen Kursen nur über diese Bestandteile und erwartete, daß jede Teilnehmerin mit dieser einfachen Erklärung mein Farbsystem verstehen würde. Aber jede Patchworkerin, ich selbst eingeschlossen, muß die Grundregeln erst in die Praxis umgesetzt haben, bevor sie sie wirklich akzeptieren, sie verstehen und gut mit ihnen arbeiten kann. Für mich bestand die praktische Übung im Entwerfen von zahllosen Patchworkblöcken und einigen Dutzend Quilts, wobei ich oft Stoffe austauschen mußte, weil eine Farbe nicht ganz passend schien. Mit dem Endergebnis war ich dann immer zufrieden, jedoch Stoffe auszuwechseln und Genähtes wieder aufzutrennen, war manchmal ziemlich frustrierend.

Praktische Übungen für Kursteilnehmer habe ich erst entwickelt, als mich die große Nachfrage nach „mehr über Farbe" beim Hilton-Head-Seminar vor ein paar Jahren dazu zwang. Erst dann konnte ich das ganze Farbsystem, an dem ich seit Jahren gearbeitet hatte, in einer ansprechenden Verpackung präsentieren; es war nicht schwer zu erklären und – am allerwichtigsten – leicht zu verstehen.

Ich finde es interessant, um wieviel besser ich inzwischen die Farbgestaltung meiner eigenen Arbeiten verstehe und sie anderen erklären kann. Aber am schönsten ist es, die strahlenden Gesichter meiner Schüler beim Verlassen des Kursraumes zu sehen, wenn sie mit den Übungsaufgaben fertig sind, und sie mit den Worten gehen: „Jetzt fühle ich mich viel sicherer mit Farben!"

Auch Sie können Ihr Selbstvertrauen im Umgang mit Farben stärken. Das eigene Gefühl ist dabei ganz wichtig. Vertrauen Sie darauf! Ihr Schönheitsempfinden ist Teil Ihres persönlichen Stils. Arbeiten Sie die Übungsaufgaben im Buch durch. Lesen Sie nicht nur den Text und denken dann, Sie hätten alles verstanden. Richtig verstehen werden Sie nur, wenn Sie Ihre eigenen Stoffe durchsehen, damit die Übungen nacharbeiten und die Anleitungen dieses Buches auf diese Weise in die Praxis umsetzen.

Haben Sie Ihre Meisterpalette zusammengestellt, werden Sie lernen, wie Sie leicht unzählige Farbschemen daraus gewinnen können, indem Sie kleine Abschnitte der Palette nehmen oder Gruppen daraus umarrangieren. Sie werden lernen, wie eine umfangreiche Farbpalette auf einige wenige Farben verkleinert werden kann, wie man seiner Arbeit mit verschiedenen Arten von Stoffdrucken eine einmalige „Struktur" geben kann und wie man ein perfektes Farbschema für einen groß gemusterten Stoff, eine Tapete, einen Dekorationsstoff oder sonstigen ungewöhnlichen Stoffdruck findet.

Dies Buch soll Ihnen helfen, Vertrauen in Ihre eigene Farbgestaltung zu bekommen, bei all Ihren Vorhaben. In Kapitel 6, den Palettenübungen mit Quilts, habe ich mehrere Patchwork-Entwürfe ausgesucht. Sie sind für die geeignet, die noch keinen festen Plan für einen Quilt haben und einfach nur anfangen möchten. Für die Kursleiter unter Ihnen gibt es im letzten Kapitel Lehrpläne, mit deren Hilfe Sie ganz leicht das Selbstvertrauen ihrer Schüler in die eigene Farbgestaltung von Quilts aufbauen können.

Kapitel 1

Stellen Sie Ihre persönliche Meisterpalette zusammen

Wie alles anfing

Vor vielen Jahren fing ich an, Farbkurse zu geben. Damals erzählte ich meinen Schülern, wie wichtig das Abstufen ist, wie man Stoff-Farben in fließenden Übergängen und ohne Kontrast von einer Farbe zur nächsten zusammenstellt, und ich erklärte ihnen die Bedeutung des Tiefdunklen und des Akzents. Die Teilnehmer sollten Proben von vielen verschiedenen Stoffen mit eigenen Farbzusammenstellungen in den Kurs mitbringen und dort nach Helligkeitswerten abstufen. Dies erwies sich jedoch als wenig praktisch, denn sie hatten nie alle Schattierungen eines Tons oder sämtliche Farbgruppen dabei.

Aus diesem Grund entwickelte ich neue Übungsaufgaben, dazu sollten die Kursteilnehmer Stoffproben verwenden, die ich ihnen zur Verfügung stellte. Diese Stoffproben konnten beim Zusammenstellen der eigenen Stoffauswahl als Vorlage dienen und eventuell vorhandene Lücken füllen. Trotzdem gab es immer noch Probleme. Es war nämlich fast unmöglich, bedruckte Stoffe in allen benötigten Farben zu finden. Die einzige Möglichkeit, Farben in der ganzen Breite des Spektrums zu erhalten, boten einfarbige Stoffe. Diese waren allerdings nur unter großem Aufwand von den verschiedensten Läden und Herstellern über die ganzen Vereinigten Staaten zu beziehen.

Mehrere Jahre lang haben meine Schüler diese einfarbigen Stoffproben (es waren etwa hundert verschiedene) für die Übungsaufgaben benutzt und waren begeistert über die wundervollen Farbzusammenstellungen, die sie damit erarbeiten konnten. Wenn sie dann aber ihre Farbkombinationen von den einfarbigen Stoffproben in gemusterte Stoffe umsetzen wollten, waren diese häufig nicht zu erhalten.

Als einfacher erwies es sich, einen Quilt von Anfang an mit einfarbigen Stoffen zu planen, denn die gab es wenigstens in den richtigen Farben.

Eines Tages war ich in einem großen Hobbyladen mit reichhaltigem Angebot. Zufällig fiel mein Blick auf die Wand mit dem Stickgarn-Sortiment. Die Docken waren nach Farbe geordnet, und die Wand leuchtete förmlich von satten Farben; helle, matte und dunkle Farbtöne fügten sich zu einem wundervollen harmonischen Bild. Als nächstes sah ich Hunderte von Buntstiften nach Farben sortiert, außerdem gab es Malerfarben in allen erdenklichen Tönen, ich blätterte in einem Buch mit Pantone-Standardfarben. Zuletzt fiel mein Blick auf die

Wand mit den Stoffballen. Da fehlte etwas. Es gab zwar viele verschiedene Farben, aber bestimmte Farben fehlten, ja sogar ganze Farbgruppen. Es gab fast keine intensiven oder wirklich dunklen Farben, kein Olivgrün, kein tiefdunkles Rot, kein blasses Gelb. Die meisten Stoffe waren in verschiedenen Schattierungen von Blau, Graublau, Pfirsich, Zartgrün und Rot.

Inmitten all dieser Farben wurde mir klar, daß jeder in diesen Laden gehen kann und für fast jedes Bastelvorhaben, sei es Hobby oder Kunsthandwerk oder Kunst, entsprechende Farben kaufen kann. Man bekommt eine Pantone-Farbe nach Wunsch, einen Buntstift oder Stickgarn in der benötigten Farbe, man kann sich eine bestimmte Farbe mischen lassen. Patchworker dagegen waren bei der Auswahl ihrer Stoffe schon immer von Stoffherstellern, Modeschöpfern und Ladeninhabern abhängig. In welchen Farben gemusterte Stoffe erhältlich sind, diktiert die jeweilige Mode, manche Töne sind überhaupt nicht im Angebot. Als ich die vielen anderen Farbprodukte in dem Geschäft sah, wurde mir klar, daß Patchworkern – genau wie anderen Künstlern und Kunsthandwerkern – ständig eine Reihe von bestimmten Stoffmustern und -farben zur Verfügung stehen sollte.

In der Folgezeit vereinbarte ich mit der amerikanischen Firma RJR Fashion Fabrics, gemeinsam eine Stoffkollektion zu entwerfen, die das ganze Farbspektrum umfaßt und Patchworkerinnen als „Palette" dienen kann. Ursprünglich umfaßte diese Kollektion hundert Farben, die ich in diesem Buch meine PALETTE nenne, dann wurde sie auf 124 Farben, später auf 150 erweitert. Die Idee ist, daß Patchworkerinnen, denen in ihrer Stoffsammlung eine bestimmte Farbe fehlt, die sie auch nicht im Laden finden können, in „Standard"-Farben bedruckte Stoffe genauso einfach bekommen können wie Maler und Grafiker die Pantone-Farben. Selbstverständlich kann diese Stoffauswahl nicht alle möglichen Farbe enthalten. Jede Farbe kann heller, grauer, dunkler, klarer und unter Umständen auch reiner im Ton sein. Meine PALETTE umfaßt jedoch das gesamte Farbspektrum, weitere Töne können hinzugefügt und nach Helligkeit abgestuft werden. Man kann die Farben der PALETTE auch mit anderen Stoffen kombinieren, wenn bestimmte Farben zur Zeit nicht auf dem Markt sind. Hinten im Buch sind Proben in den Farben der PALETTE als Referenz abgebildet. Die jeweiligen Farbbezeichnungen finden Sie auf der Rückseite der Abbildungen. Sie können daraus Ihre eigene Palette zusammenstellen und für die Übungsaufgaben benutzen.

Die drei Hauptbestandteile

Bevor Sie nun Ihre persönliche Meisterpalette zusammenstellen, möchte ich Ihnen die drei Merkmale erklären, die ich für die wichtigsten Voraussetzungen für eine erfolgreiche Farbzusammenstellung halte.

• Abstufung

Der erste Bestandteil ist die Abstufung in zwei Arten. (1.) Abstufung nach Helligkeit innerhalb einer Farbe. In einer Arbeit sollten mehrere Schattierungen einer Farbe benutzt werden. In einem blauen Farbschema beispielsweise sollten nicht alle Stoffe den gleichen mittelblauen Farbton haben – mit vielen Blauschattierungen vom hellstem Hellblau bis zu tiefstem Dunkelblau wirkt es lebendiger. Wenn Rot zu den Blautönen dazukommt, sollten es mehrere Schattierungen von Blau und von Rot sein, von Zartrosa über Rot zu Burgunderrot.
(2.) Abstufung mit verschiedenen Farben. Die ausgewählten Farben sollten mit zusätzlichen Farben abgestuft werden; dies ist der Schlüssel zu meinem ganzen System. So können beispielsweise violette Farbtöne die blauen und roten Farben zueinander abstufen, Türkis kann Blau und Grün verbinden usw. Diese Farben, die Farbgruppen verbinden (ich nenne sie „Übergangsfarben"), geben einer Farbzusammenstellung ihren ganz besonderen Reiz.

• Das Tiefdunkle

Der zweite Beispiel ist eine sehr dunkle Farbe; ich nenne sie „Tiefdunkel". Es ist ein dunklerer Ton einer Farbe, die bereits benutzt wurde. Das Tiefdunkle steht immer in Beziehung zur Helligkeit der umgebenden Farbtöne; in einer sehr dunklen Palette kann es so dunkel wie ein tiefes Schwarz sein, in einer Palette mit Pastelltönen muß es nur dunkler als der Pastellton einer Farbe sein.

• Der Akzent

Den letzten Bestandteil nenne ich „Akzent". Dabei handelt es sich um einen intensiveren Farbton einer bereits verwendeten Farbe. In einem blauen und grünen Farbschema kann das ein kräftigeres Blau oder ein kräftigeres Grün sein. Der Akzent steht also auch in Relation zu den anderen Stoffen der PALETTE.

Eine kräftige Farbpalette braucht einen intensiven Farbton als Akzent, während in einer zarteren Farbpalette ein weniger kräftiger Farbton als Akzent zur Geltung kommt. Diese drei Bestandteile wirken miteinander. Zu der tiefdunklen Farbe und zum Akzent hin sollten Sie immer abstufen; nehmen Sie nicht wahllos irgendeine dunkle oder kräftige Farbe, wenn sie nicht auch in anderen Schattierungen in der Palette erscheint.

Warum eine Meisterpalette?

Es ist äußerst wichtig, daß Sie Ihre eigene Meisterpalette nach den Anleitungen in diesem Buch zusammenstellen. Sie werden fragen: Warum soll ich das tun, wenn schon zwei Meisterpaletten in diesem Buch abgebildet sind? Die Antwort ist einfach: Weil Sie beim Zusammenstellen der Palette lernen, durch die praktische Übung des Farbabstufens. Es ist etwas ganz anderes, eine abgestufte Farbschattierung lediglich zu betrachten, als sie selbst herzustellen. Außerdem werden Sie zwangsläufig mit allen Farben arbeiten, mit solchen, die Sie mögen, und aber auch mit solchen, die Ihnen nicht so liegen. Beim Zusammenstellen der Palette lernen Sie auch die Wirkungen des Akzents und der tiefdunklen Farben im Farbspektrum kennen. Wenn Sie erst einmal 124 Farbtöne zueinander abgestuft haben, wird es Ihnen sehr viel leichter fallen, eine kleinere Anzahl von Farbtönen abzustufen, wenn Sie einzelne Paletten für verschiedene Arbeiten erarbeiten.

Übung 1   *Die Meisterpalette zusammenstellen*

Schritt 1   *Eigene Stoffe an die Farbproben angleichen*

Vergleichen Sie dieses Buch mit Ihrer Stoffsammlung und finden Sie so viele Stoffe wie möglich, die die gleiche Farbe haben wie die Farbproben auf den letzten Seiten. Das Stoffmuster muß nicht gleich sein, jetzt ist nur die gleiche Farbe wichtig. Wählen Sie Stoffe mit zurückhaltender Musterung; sie sollten nicht vielfarbig sein oder zu kontrastreich. Es ist schwierig, mehrfarbige oder großgemusterte Stoffe in eine bestimmte Farbgruppe einzuordnen, ihre Zuordnung in die Reihenfolge auf der Palette hängt davon ab, welchen Teil des Stoffes man gerade sieht. Solche Stoffarten sind für Quilts aus gemusterten Stoffen wichtig und werden im dritten

Kapitel behandelt. Für die Meisterpalette sollte man am besten Stoffmuster aussuchen, die fast einfarbig wirken. Überhaupt können Sie einfarbige Stoffe einsetzen, die den gedruckten Farbproben gleichen, falls ein gemusterter Stoff in dieser Farbe nicht zu finden ist. Wenn Sie lieber mit uni Stoffen arbeiten, stellen Sie die Palette am besten nur aus einfarbigen Stoffen zusammen.

Ist ein farbgleicher Stoff gefunden, legen Sie ihn neben die abgebildeten Farbproben und prüfen aus mehreren Metern Abstand, ob er immer noch farbgleich wirkt. Falls Sie schon seit mehreren Jahren Stoffe sammeln, werden Sie sicher viele der Farben haben, und mit ein wenig Glück vielleicht sogar alle. Vermutlich gibt es Farben in Ihrer Stoffsammlung, die sich nicht unter den Farbproben befinden. Wie schon gesagt, es ist unmöglich, sämtliche Farben der Welt in nur 124 Stoffen darzustellen. Zu den hier abgebildeten Farben des ganzen Spektrums könnten viele weitere hinzugefügt werden, und falls Sie weitere Stoffe haben, die in Ihre Palette passen, fügen Sie sie ein. Achten Sie nur darauf, daß die Palette nicht durch zu viele Stoffe unförmig wird; zunächst brauchen Sie Stoffe in den Grundfarben des Spektrums. In Paletten für Einzelprojekte kann man dann beliebig viele Schattierungen zusätzlich mit einbeziehen.

Vorschlag: Von den abgebildeten Farbproben, für die Sie noch keinen gleichfarbigen Stoff haben, können Sie eine kleine Ecke abschneiden und in ein Notizbuch für die Handtasche kleben. So wissen Sie beim nächsten Stoffkauf, welche Farben Ihnen noch fehlen. Sind Sie Anfängerin und verfügen erst über einen kleinen Stoffvorrat, achten Sie bei zukünftigen Stoffkäufen darauf, die Vielfalt Ihrer Stoffe zu vergrößern, dann werden Sie bald eine vollständige Palette von Farben haben.

Schritt 2   *Die Stoffproben zuschneiden*

Machen Sie eine Schablone aus Plastik oder Pappe. Schneiden Sie nach der unten abgebildeten Vorlage je zwei Stoffstückchen aus all den Stoffen, die mit den abgebildeten Farbproben farbgleich sind. (Das Rechteck hat

Abbildung 2 *Schablonenvorlage zum Ausschneiden der Stoffstückchen für die Palette*

dieselbe Größe wie die Farbproben hinten im Buch.) Sie brauchen zwei Stoffstückchen, eins für die Meisterpalette und das andere für spätere Einzelpaletten.

Schritt 3 *Farben zum Lückenfüllen*

Haben Sie für alle hinten im Buch abgebildeten Farbproben gleichfarbige gemusterte oder einfarbige Stoffe gefunden, können Sie nun die Übung mit den eigenen Stoffen weitermachen. Falls ein paar Farben fehlen sollten, kann man von den abgebildeten Farbproben ein Stückchen abschneiden und an Stelle von Stoff benutzen. Wenn Sie aber das Buch nicht zerschneiden möchten, versuchen Sie, Pantone-Farben, Farbflächen aus Abbildungen in Illustrierten oder Maler-Farbkarten in den passenden Farben zu finden. Sie können aber auch einen Satz Stoffproben bestellen (siehe das Kapitel Hilfsmittel).

Schritt 4 *Eine Paletten-Unterlage vorbereiten*

Sie brauchen dicke weiße Plakatpappe von mindestens 70×55 cm Größe. Man kann diese Fläche auch aus zwei Stücken Pappe zusammenkleben, indem man beide Pappen mit der Vorderseite nach unten auf den Tisch legt, die Kanten nahe aneinander schiebt und ungefähr im Abstand von 1,5 mm mit 5 cm breitem Klebeband zu-

sammenklebt. Durch den Zwischenraum können Sie die Pappe zum Aufräumen und Lagern zusammenklappen.

Die Farbproben abstufen

In den nächsten Abschnitten geht es um das Prinzip der Farbabstufung. Zum Zusammenstellen der Palette werden alle Farbproben aus Stoff oder Papier nach Helligkeit sortiert, in einem fließenden Farbverlauf ohne große Hell-Dunkel-Kontraste oder Sprünge von einer Farbe zur nächsten. Am Ende dieses Buches finden Sie zwei Meisterpaletten, in beiden werden auf unterschiedliche Art und Weise alle 124 Farbproben abgestuft. Am besten lernen Sie, indem Sie selbst probieren. Werfen Sie deshalb nur einen kurzen Blick auf die Palettenbeispiele, um das Fließen von einer Farbe zur nächsten einmal gesehen zu haben, dann klappen Sie das Buch zu und machen die Übungen eigenhändig. Später können Sie die Beispielpaletten mit Ihrer eigenen vergleichen, aber bedenken Sie, es gibt kein „richtiges" oder „falsches" Abstufen. In einem Kurs mit 25 Teilnehmern sind keine zwei Paletten gleich.

Es gibt unzählige Möglichkeiten, die Stoffe abzustufen. Solange die Farben glatt ineinander übergehen und man das Ende einer Farbe nicht vom Anfang der nächsten unterscheiden kann, sind alle Anordnungen gleich gut.

Abbildung 3 A
*Die Abstufung aller Grüntöne zusammen
kann sehr ungleichmäßig wirken*

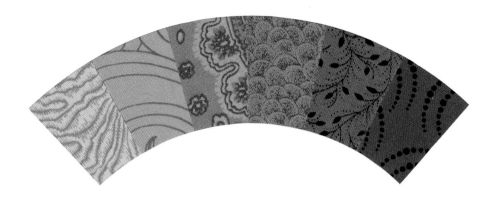

Abbildung 3B
Abtrennung der klaren von den grauen Farbtönen und getrennte Abstufung

Schritt 5 *Die Farbproben in Gruppen sortieren*

Der Anblick von 124 verschiedenen Farben kann zunächst überwältigend sein, und man weiß nicht, wo man anfangen soll. Am besten sortiert man als erstes die Proben nach Farbe. Legen Sie zum Beispiel alle Rottöne auf einen Haufen, die Blautöne genauso usw. Nachdem alle Proben in Farbgruppen sortiert sind, ordnen Sie innerhalb der Farbgruppen nach klaren und mit Grau gemischten Tönen. Die Reihe von abwechselnd klaren und graueren Tönen kann zu unruhig wirken. Sehen Sie etwa in Abbildung 3A und 3B die Gruppen von klaren Grüntönen und graueren Blaugrün-Tönen. Im ersten Beispiel, Abbildung 3A, sind die Farben alle in einer Gruppe von Hell nach Dunkel abgestuft.

In Abbildung 3B wurden sie erst in zwei Gruppen getrennt, die graueren Petroltöne in eine und die klaren Grüntöne in die andere. Die Aufteilung in zwei Gruppen ermöglicht glattere Übergänge, es sieht weniger unruhig und viel ansprechender aus, als wenn man versuchen würde, alle gemeinsam abzustufen. Jetzt können diese beiden Gruppen auch an ganz verschiedenen Standorten in der Palette erscheinen, wie in den Beispiel-Paletten gezeigt.

Schritt 6 *Die Proben innerhalb der Farbgruppen abstufen*

Nachdem Sie nun die Stoffe in Gruppen nach Farbe und Grauanteil sortiert haben, werden jetzt die Proben innerhalb jeder Gruppe von hell nach dunkel geordnet. Dabei sollte kein starker Kontrast zwischen hell und dunkel entstehen. Marineblau zum Beispiel sollte deshalb nicht neben Hellblau liegen, sondern in kleineren Abstufungen über mehrere mittlere Blautöne zu Hellblau übergehen.

Schritt 7 *Die Farbgruppen verbinden*

Als nächstes werden die Gruppen aneinandergefügt. Es gibt viele Wege, beim Abstufen von einer Farbe zur nächsten zu kommen, und keiner ist besser oder

Abbildung 4 A, B
Zwei Möglichkeiten, von Knallrot nach Gelb abzustufen

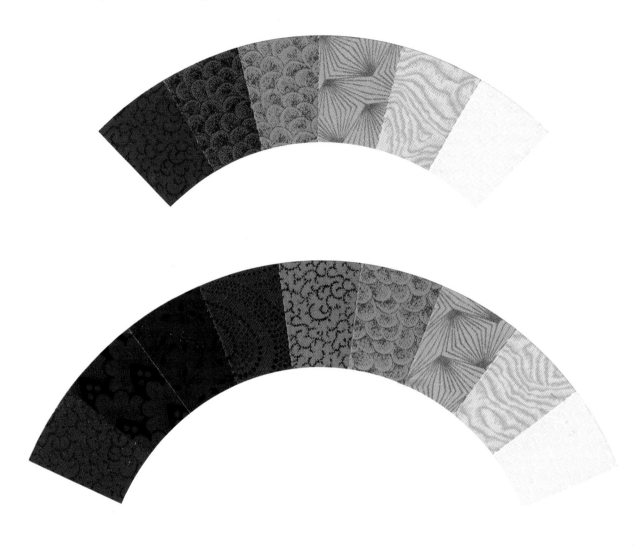

Abbildung 4 C, D
Zwei Möglichkeiten, von Knallrot nach Gelb abzustufen

schlechter. Man kann über ganz helle oder ganz dunkle Farben verbinden. Manchmal kann man auch vom kräftigsten Ton einer Farbe zum intensivsten der nächsten gehen, oder in den mittleren Farbtönen von einer Farbe zur nächsten wechseln. Um etwa von Rot nach Gelb zu kommen, könnte man über immer dunklere Rottöne bis Burgunderrot und Braun abstufen und dann über hellere Brauntöne und Gold schließlich bei Gelb ankommen (siehe Abbildung 4A). Es gibt aber auch andere Wege, Gelb nach Rot abzustufen. Drei weitere Möglichkeiten sind in den Abbildungen 4B, 4C und 4D gezeigt. In Abbildung 4B wird über die helleren Töne abgestuft, in Abbildung 4C über die kräftigsten (Knallrot neben Orange und Gold) und in Abbildung 4D über die weni-

ger intensiven mittleren Farbtöne (Rot über Rostrot nach Gold). Die Abbildungen 5 und 6 zeigen verschiedene Wege, Mittelblau nach Grasgrün oder Rosé nach Blau abzustufen.

Zwei Farben können auch über die Einführung einer dritten, dazwischen liegenden Farbe miteinander verbunden werden. Die Farbzusammenstellung kann dadurch interessanter werden und räumliche Wirkung hervorrufen. Sehen Sie sich beispielsweise die Abbildungen 4A bis D mit den vier Abstufungen von Rot nach Gelb an, und dann anschließend die beiden Abstufungen von Abbildung 7. In der oberen erscheint als Zwischenton Olivgrün, in der unteren sind zwei Zwischentöne, Violett und Grau.

Abbildung 5 *Vier Möglichkeiten,
von Mittelblau nach Grasgrün abzustufen*

Abbildung 6
Drei Möglichkeiten, von Rosé nach Blau abzustufen

Abbildung 7
Abstufung von Rot nach Gelb über eine Zwischenfarbe

Schritt 8 *Probleme lösen*

Legen Sie die Stoffproben einzeln oder etwas überlappend auf der Plakatpappe nebeneinander, bilden die Abstufungen und legen damit zum Schluß einen Kreis. Es kann passieren, daß Sie trotz vieler Mühen zwei Enden haben, die sich nicht zueinander abstufen lassen. Dann ist es besser, den Kreis nicht zu schließen, was zu einem starken Kontrast in Farbe oder Helligkeit führen würde. Lassen Sie ihn offen und legen ihn in Hufeisenform.

Gerade bei dieser Übungsaufgabe bleiben bei meinen Schülern häufig am Ende ein oder zwei Farbproben übrig, die wirklich nicht dazu passen. Dabei sind es nicht immer dieselben Farbproben; es hängt völlig davon ab, wie alle sortiert und zueinander abgestuft wurden. Wenn Sie solche „Ausreißer" haben, legen Sie sie auf die Seite. Man darf ein paar Farbproben auslassen, aber eine ganze Gruppe ähnlicher Farbtöne sollte man nicht wegfallen lassen.

Es kann auch passieren, daß Sie dieselbe Farbprobe mehr als einmal benutzen wollen, daß Sie diesen Farbton an ganz unterschiedlichen Stellen der Palette brauchen, um bestimmte Farben abstufend zusammenzuführen. Schneiden Sie die Farbprobe der Länge nach in zwei Stücke, oder, wenn es Ihr eigener Stoff ist, schneiden Sie einfach zwei Probestückchen aus.

Schritt 9 *Die Abstufung kontrollieren*

Nachdem alle Farbproben nach Abstufungen sortiert und in einem Kreis oder Hufeisen zusammengelegt sind, lassen Sie Ihren Blick langsam über die Stoffe wandern. Achten Sie auf kontrastreiche Stellen zwischen hellen und dunklen Farbtönen oder zwischen unterschiedlichen Farben. Erst wenn Sie ganz zufrieden sind, kleben Sie die Farbproben auf die Pappe.

Schritt 10 *Stoffe aus der eigenen Sammlung hinzufügen*

Falls Sie die hinten im Buch abgebildeten Farbproben für Ihre Meisterpalette benutzt haben, sollten Sie sich jetzt an die Stoffproben aus Ihrer eigenen Sammlung machen. Jedes farbgleiche Stoffstückchen wird halb über die passende Farbprobe geklebt. Die Palette kann jeweils durch neu erworbene Stoffe ergänzt werden. Wenn alle Stoffproben aufgeklebt sind, werden Sie Ihre Vorliebe für bestimmte Farbgruppen deutlich erkennen. Sie haben wahrscheinlich viel mehr Stoffe in Ihren Lieblingsfarben als in denen, die Sie nicht mögen; wir alle bevorzugen bestimmte Farben, und das beeinflußt uns auch beim Stoffeinkauf. Man muß nicht unbedingt Stoffe in allen Farben der Palette haben. Vielleicht werden Sie nie einen Quilt aus Stoffen in kräftigem Orange oder Avocadogrün nähen… Beim Lesen und Ausprobieren werden Sie aber merken, daß eine Grundausstattung von Stoffen in allen Farben des Spektrums für Patchworkerinnen genauso wertvoll ist wie eine umfassende Palette von Ölfarben für Maler. Manchmal sieht man nicht sofort ein, daß gerade die Farbe, die so „häßlich" ist, eine normale Farbzusammenstellung außerordentlich beleben kann. Wie oft habe ich den Satz gehört: „Diese Farbe hätte ich nie und nimmer benutzt; ich hätte sie nie gekauft; aber der Quilt sieht damit tausendmal besser aus!" Eine Farbzusammenstellung kommt eben nicht durch die Auswahl der Grundfarben zum Leben, sondern durch die dazu passend ausgesuchten Farbtöne!

Kapitel 2

Farbzusammen-stellungen auf der Meisterpalette ausprobieren

Bei der Zusammenstellung der Meisterpalette haben Sie gelernt, Farben zueinander abzustufen und mit wirklich allen Farben zu arbeiten – mit Farben, die Sie mögen und solchen, die Ihnen nicht so liegen. Außerdem haben Sie die Wirkungsweise von den drei Hauptbestandteilen eines Farbschemas – der Abstufung, dem Tiefdunklen und dem Akzent – kennengelernt.

Durch das Abstufen aller Farben für die Meisterpalette sind beim Nebeneinanderlegen der Farbproben auf die Palette unzählige lebendige Farbkombinationen entstanden. Bei der nächsten Übung werden Sie merken, daß es bei all den Zusammenstellungen, egal an welcher Stelle auf der Palette, von jeder Farbe immer mehrere Helligkeitsstufen gibt, ebenso wie einen tiefdunklen Farbton und einen Akzent.

Übung 2   *Alles ist möglich*

Nehmen Sie zwei DIN-A6-Karteikarten (7,6×12,7 cm) oder ähnlich große Pappen zur Hand und schlagen Sie die Meisterpaletten-Beispiele auf. Legen Sie eine Karte neben eine Seite irgendeiner Farbprobe. Zählen Sie von da an die Proben ab und legen die zweite Karteikarte neben die zwanzigste. Betrachten Sie nun das interessante Farbschema dieses Ausschnitts. Schieben Sie die Karteikarten drei oder vier Farbproben weiter und lassen dabei immer zwanzig Proben sichtbar im Ausschnitt. Unabhängig vom Standort auf der Palette ergeben sich immer erfreuliche Farbkombinationen.

Die Zahl von zwanzig Farbproben im Ausschnittfenster ist willkürlich, manchmal können zusätzliche Proben die Farbwirkung verstärken, manchmal sind weniger als zwanzig besser. Die beiden Meisterpaletten-Beispiele sind unterschiedlich abgestuft. Machen Sie diese Übung bei beiden Beispielen, verschieben die Karteikarten um zwei bis drei Farbproben, bei einem Blickfeld von zwanzig ergeben sich unzählbare verschiedene Möglichkeiten von Farbkombinationen. Machen Sie jetzt das gleiche mit Ihrer eigenen Palette. Sehen Sie, wie viele wunderschöne Farbkombinationen Sie auf diese Art erzielen können. Auch in den hellen und dunkleren Bereichen der restlichen Palette kann man die Abstufung, das Tiefdunkle und den Akzent erkennen. Außerdem ist es gut möglich, daß einige der interessantesten Farbzusammenstellungen Farben enthalten, auf die Sie nie von selbst gekommen wären.

Alles ist relativ

Beim Verschieben der Karteikarten auf der Meisterpalette fällt auf, wie abhängig der tiefdunkle Farbton und der Akzent von ihrer Umgebung sind. In einem helleren Palettenbereich ist das Tiefdunkle immer dunkler als die umgebenden Farben, aber es muß nicht ganz dunkel sein. In einer Gruppe von Pastelltönen oder hellen Farben würde Schwarz hart und viel zu kräftig wirken, andererseits kann es in einem dunkleren Palettenbereich die einzige Farbe mit der nötigen Tiefe sein.

Mit dem Akzent ist es ähnlich. In einem Palettenbereich gedämpfter, grauer Farbtöne ist der Akzent-Farbton nicht so kräftig wie in einem Bereich klarer Farben. Da muß der Farbton sehr kräftig sein, um zu leuchten. Viele Patchworker arbeiten mit extrem intensiven Farben, und für solche Zusammenstellungen sind kleine Mengen metallischer oder irisierender Stoffe nötig, um die größere Intensität des Akzents zu erreichen.

Heißt das nun aber, daß Sie nur Farben benutzen dürfen, die nebeneinander auf der Meisterpalette liegen? Natürlich nicht. Alle Farben sind erlaubt, und die Palette von jeder Patchworkerin ist einzigartig. Die beiden Beispiele in diesem Buch sind sehr unterschiedlich, und wahrscheinlich sieht Ihre wiederum ganz anders aus. Jedesmal sind verschiedene Farbgruppen zusammengestellt; solange sie aber erfolgreich abgestuft sind, sehen sie auch gut aus. Ebenso können Sie ganz nach Ihrem Geschmack irgendwelche Farbgruppen für eine Arbeit auswählen; fügen Sie nur die nötigen Farben und Schattierungen für die Abstufung hinzu, und Sie erhalten eine wunderbare Farbkombination.

Die Bedeutung des Abstufens

Die wichtigste Aufgabe ist das Abstufen der Farben, das habe ich bei der Entwicklung von Übungsaufgaben für mein Farbsystem gelernt.

Früher ließ ich meine Schüler zu jeder Farbe, die sie für einen Quilt ausgewählt hatten, mehrere Schattierungen mitbringen, außerdem eine beliebige Übergangsfarbe, um die Farbgruppen zusammenzubringen.

Erst später, als mein Farbsystem weiter entwickelt war, begriff ich, daß all die ausgewählten Farben mit Hilfe zusätzlicher Farben abgestuft sein sollten! Ein einzelner Übergang ist nicht genug. In diesem Farbsystem müssen Sie so viele Farben finden, wie nötig sind, um Farb-

gruppe mit Farbgruppe zu verbinden. Die „Übergangsfarbe" ist nur der erste Schritt des Anpassungsvorgangs. Für das Abstufen aller Farben müssen Sie weitere Farben dazu nehmen, auf die Sie sonst vielleicht nicht gekommen wären, und genau diese Farben machen eine gewöhnliche Farbzusammenstellung erst interessant. Wie bereits gesagt, das Tiefdunkle und der Akzent sind für mich zwei wichtige Elemente der Farbzusammenstellung für einen Quilt. Bei der Abstufung der Farbgruppen ergeben sich die Zutaten Tiefdunkel und Akzent von selbst. Und das funktioniert jedesmal!

Hintergrundfarben

Bei vielen Patchwork-Arbeiten entsteht der Gesamteindruck durch eine Farbe und sie haben nicht viel Kontrast, wie beispielsweise die Quilts „aus einer Form" (siehe die „Tumbling Blocks" auf Seite 109, und die Quilts „aus Teilstücken" auf Seite 121, 122 und 127). Andere Quilts brauchen viel Kontrast, damit sich das Muster vom Hintergrund abhebt.

Jahrelang war der übliche Hintergrund eines Quilts weiß oder nesselfarben. Als die Patchworkerinnen dann mehr gemusterte Stoffe verwendeten, suchten sie bedruckte Stoffe in Hellbeige für den Hintergrund. Ich könnte mir jedoch bessere Farben für den Hintergrund vorstellen als Beige oder Weiß. Beim Abstufen der Farben einer Palette auf die oben gezeigte Art und Weise könnte man mit einer Farbe noch heller werden und diese dann als Hintergrundfarbe nehmen, auch wenn insgesamt nur wenige Farben eingesetzt werden sollen.

Warum sollte Beige zugesetzt werden, wenn sonst kein Beige oder Braun im Farbschema vorkommt? Hellgrau, Taupe, Zartlila oder eine andere helle Farbe könnten viel besser aussehen (siehe die Abbildungen von Quilts und den dazugehörigen Paletten auf den Seiten 44, 65 und 97). Es kommt nicht auf die Anzahl von Farben an, die benutzt werden; wenn zuerst alle Farben zueinander abgestuft werden, passen auch die einzelnen Farbtöne zusammen, die sich dabei ergeben.

Zwei Farben abstufen

Es folgen mehrere Beispiele abgestufter Farbgruppen, an denen man das Prinzip der Abstufung erkennt. Überdenken Sie diese Beispiele und versuchen Sie es dann selbst. Nur wenn Sie das Abstufen einmal praktisch geübt haben, werden Sie sich mit dieser Methode anfreunden.

Beispiel: Gelb und Violett. Schlagen Sie die Meisterpalette 2 hinten im Buch auf. Um Gelb nach Lila abzustufen, müssen nicht alle Farben auf der Palette zwischen Lila und Gelb genommen werden (Korallenrot, Rostrot, Dunkelrot, Olivgrün, Beige, Rosa und Rot). Sehen Sie sich die Abbildung 8 an, in der ganz offensichtlich die Gruppe der Gelbtöne nicht stufenlos in die

violetten Töne übergeht. Wie erreicht man hier einen glatten Übergang?

Ein möglicher Weg führt vom Gelb über Gold zu Braun, Tiefdunkelbraun und Schwarz und dann vom dunklen Violett zu den helleren Violett-Tönen; so wurde es in Abbildung 9 auf Seite 28 gemacht.

Bei der Auswahl von Farbproben von der Meisterpalette gehe ich oft bei einer Farbe einen kleinen Schritt weiter als eigentlich nötig in einen neuen Farbton hinein. Das kann die Farbwirkung enorm verstärken. Hier gingen die violetten Farben in eine rötliche Färbung über und

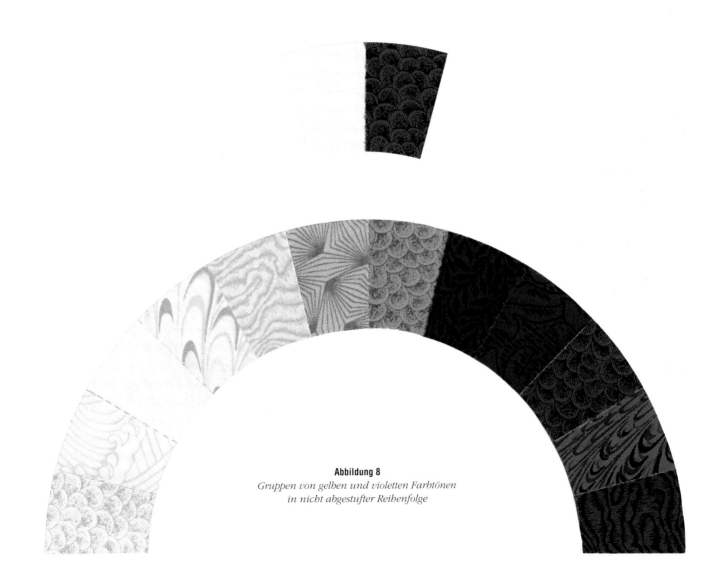

Abbildung 8
*Gruppen von gelben und violetten Farbtönen
in nicht abgestufter Reihenfolge*

Abbildung 9
*Gelbe und violette Farben
über Brauntöne abgestuft
und in rötlichen Tönen endend*

ich habe vier rote Farbproben dazugelegt. Verdecken Sie die vier roten Farbproben mit einem Stück Papier (ca. 9×13 cm groß) und entscheiden Sie nun, ob Ihnen die Farbzusammenstellung besser mit oder ohne Rot gefällt. Man kann auch von einem blassen Gelb zu Beige gehen und dann fast zu jeder anderen Farbe.

Was passiert nun, wenn das hellere Ende zu einem schwach türkisfarbenen Ton abgestuft wird (Abbildung 10)? Wir stehen jetzt vor dem Problem, das ich die „Entweder-Oder"-Situation nenne. Mir selbst sind die Zusätze sowohl von roten Farbtönen an einem Ende als auch von türkisfarbenen am anderen zu viel.

Eine zusätzliche Farbe ist ausreichend. Welche von beiden man benutzen will, ist eine persönliche Geschmacksfrage. Verdecken Sie die vier roten Proben, die türkisfarbenen bleiben offen. Dann bedecken Sie die türkisfarbenen und lassen die roten stehen. Welche Abstufung gefällt Ihnen besser?

Das Aufregende an diesem Farbsystem ist die Fülle von Möglichkeiten, zwei beliebige Farben stufenlos ineinan-

Abbildung 10
Gelbe und violette Farben,
abgestuft bis hin zu
Andeutungen von Rot und Türkis

Abbildung 11
*Gelb und Violett über Grau
miteinander verbunden*

der übergehen zu lassen, und alle sehen gut aus. Suchen Sie sich den besten Weg aus. In der vorhergehenden Abstufung zum Beispiel gefallen Ihnen vielleicht das Violett und das Gelb, aber Sie wollen keine braunen Stoffe verwenden. Dann versuchen Sie, auf eine andere Art abzustufen. Verbinden Sie vielleicht Gelb und Violett lieber über helle als über dunkle Farbtöne.

Im nächsten Beispiel (Abbildung 11) geht ein dunkles Violett in immer hellere Töne über, dann zu Grau und schließlich von Hellgrau zu zartem Gelb. Grau als Zusatzfarbe wäre Ihnen vielleicht nie in den Sinn gekommen, aber hier ist Grau die Verbindung. Für sich allein genommen ist Grau sicher nicht gerade attraktiv, aber manchmal ist diese Art von Farbe für fließende

Übergänge unvermeidlich und macht dieses Farbsystem erst möglich.

Die oben dargestellte Abstufung ist recht hübsch, aber ich finde, einige Farbzusätze fehlen noch. Sehen Sie nur, wie schön Gelb wieder zu Gold führen kann (Abb.12), um dann nicht zu Braun, sondern zu Olivgrün zu werden.

Wenn Ihnen nun Gold nicht gefällt, Sie lieber beim Zartgelb bleiben und die bronzenen Gelbtöne nicht benutzen wollen, dann können Sie vom dunklen Ende her zu einer neuen Farbe abstufen. Suchen Sie auf der Meisterpalette Farbtöne aus, die sehr dunkel wirken. Es gibt viele Möglichkeiten. In den Beispielen der Abbildungen 13A und 13B wird einmal zu Türkis abgestuft und einmal zu Blaurot.

Abbildung 12
*Gelb und Violett miteinander durch Grau verbunden
und von Gelb zu Olivgrün abgestuft*

Abbildung 13 A
Abstufung vom violetten Ende zu Türkis

Abbildung 13 B
Abstufung vom violetten Ende zu Blaurot

Wie paßt
der persönliche Geschmack dazu?

Ich möchte mit einer kleinen Geschichte beginnen. Jahrelang haben mich meine Schüler immer wieder das gleiche gefragt: „Warum verwenden Sie in Ihren Arbeiten kein Gelb? Mögen Sie Gelb nicht? Ist Gelb keine gute Farbe?" Sie hatten Recht: in meinen Quilts kam Gelb nicht vor. Mir war nie ganz klar, warum ich es nicht benutzen mochte, aber für mich war Gelb nie die richtige Farbe am richtigen Platz. Ich habe mir aber Mühe gegeben, niemand von gelben Stoffen abzubringen. In den vorangegangenen Beispielen habe ich nun gerade Gelb verwendet, für all die, die mich früher danach fragten.

Als mein Farbsystem ausgearbeitet war und das Konzept der Meisterpalette für Patchworker stand, begriff ich endlich, warum mir die Farbe Gelb nie zugesagt hatte. Es gab sehr wenige gelbe Stoffe zu kaufen, und die es gab, waren alle in bronzenen Gelbtönen. Es gab keine unterschiedlichen Schattierungen dieser Farbe, keine Abstufungen von Blaßgelb zu einem dunkleren Gelb oder irgendeinen Übergang von einem dunkleren Gelb zu einer anderen Farbe. Auch wenn es mir nicht bewußt war – ich hatte Gelb nie in meine Quilts aufgenommen, weil es nicht genug Auswahl gab für die nötigen Abstufungen, für den gleitenden Übergang von einer Farbe zur nächsten. Gelb sah immer nur wie dazugelegt aus

und paßte nicht gut zu anderen Farben, weil es für sich stand.

Jede Patchworkerin hat ihre Lieblingsfarben, und sie kauft mehr Stoffe in diesen als in anderen Farben. Mir ging es genauso. Als ich mit dem Entwurf meiner PALETTE-Stoffkollektion anfing, nahm ich zuerst die Stoffproben meiner früheren Entwürfe und sortierte sie nach Farben. Dann versuchte ich, sie alle zusammen nach ihrer Schattierung in eine der Meisterpaletten einzuordnen. Erstaunlich fand ich, daß es Farben gab, die ich nie in einem Stoffentwurf benutzt hatte, andere dagegen häufig. Viele der neuen Farben, die ich in die Palette zu integrieren hatte, mochte ich nicht besonders. Wie viele Leute Stoffe nur in ihren Lieblingsfarben kaufen, so entwarf ich auch nur Stoffe nach meinem eigenen Geschmack. Übrigens gab es bei den neuen Stoffen der Palette nur vier Gelbtöne! Offenbar hatte ich mich sogar vor dem Entwerfen von gelben Stoffen gescheut; jetzt aber merkte ich, daß man mit Gelb arbeiten kann, wenn es genug verschiedene Gelbtöne gibt, die auch zu anderen Farben hin abgestuft werden können.

Als Stoffdesignerin weiß ich, daß es sehr schwierig ist, ein gutes Gelb zu schaffen. Beim Zusammenspiel von Gelb und Weiß ist der Kontrast so gering, daß das Muster fast nicht sichtbar ist. Sobald eine weitere Farbe zum Gelb kommt, ganz egal welche, verändert sich die Farbe. Deshalb meine ich, wenn Sie einen schönen gelben Stoff sehen, sollten Sie zumindest ein kleines Stück davon kaufen, denn so etwas findet man nur selten.

Abbildung 14 *Pfirsich- und Grüntöne, nicht abgestuft*

Blasse Farben abstufen

Eine der beliebtesten Farbkombinationen, die Schüler zum Kurs mitbringen, ist Pfirsich und Grün. Sie bringen in der Regel mehrere Stoffe in blassen Pfirsichtönen mit und ein paar zartgrüne.

Beide Farben sind zwar sehr schön, aber ich bin der Meinung, daß die Kombination nur dieser beiden Farben langweilig aussieht. Es gibt keine Vielfalt von Farbtönen, kein Tiefdunkel und keinen Akzent.

Die Wahl von Pfirsich und Grün ist ein guter Anfang, doch erst das Abstufen von einer Farbe zur anderen

Abbildung 15
Pfirsich- und Grüntöne,
abgestuft über dunkle Farbtöne
(Rostrot und Rot)

Abbildung 16
Pfirsichfarbe und Grün abgestuft
über dunkle Farbtöne
(Blaugrün und Blaurot)

macht die Zusammenstellung lebendig. „Aber wie kann ich von Pfirsich nach Grün abstufen?" würde eine Schülerin jetzt fragen. Zuerst erscheint es unmöglich, von einer dieser beiden Farben glatt zur anderen zu kommen. Dabei können Pfirsich und Grün auf viele verschiedene Arten zueinander abgestuft werden, und alle

sind gleich gut. In Abbildung 15 zum Beispiel sind die beiden Farben über dunkle Farbtöne abgestuft. Die Farbe Pfirsich geht von Rostrot zu Ziegelrot, Rot, Dunkelrot, Blauviolett und Schwarz über, und dann über dunkle und hellere Grüntöne schließlich zu dem blassen Grün vom Anfang zurück.

In Abbildung 16 ist die Pfirsichfarbe nicht über Rostrot und Rot abgestuft, sondern über Rosa und Blaurot, und anstatt über kräftige zu graugrünen Tönen abzustufen, geht die Abstufung über ein dunkles Blaugrün. Zwei weitere Zusammenstellungen (nicht abgebildet) könnten durch Abstufen von Pfirsichfarbe und Rostrot zu Blaugrün entstehen oder durch Abstufen von Pfirsichfarbe und Blaurot zu einem kräftigen Grün. Es ist eine Geschmacksfrage, was schöner ist.

Man könnte natürlich beim Anblick dieser Zusammenstellungen sagen, daß die Paletten zu dunkel sind und man den Quilt lieber in Pastellfarben haben will.
In Abbildung 17 sehen Sie, daß man auch über die ganz hellen Töne anstatt über die dunkleren abstufen kann, indem man die Pfirsich- und Grüntöne immer weiter aufhellt, bis sie zueinander passen. Aber vergessen Sie das Tiefdunkle nicht! Gehen Sie mit beiden Farben zu dunkleren Schattierungen, bis genug Farbtiefe für das

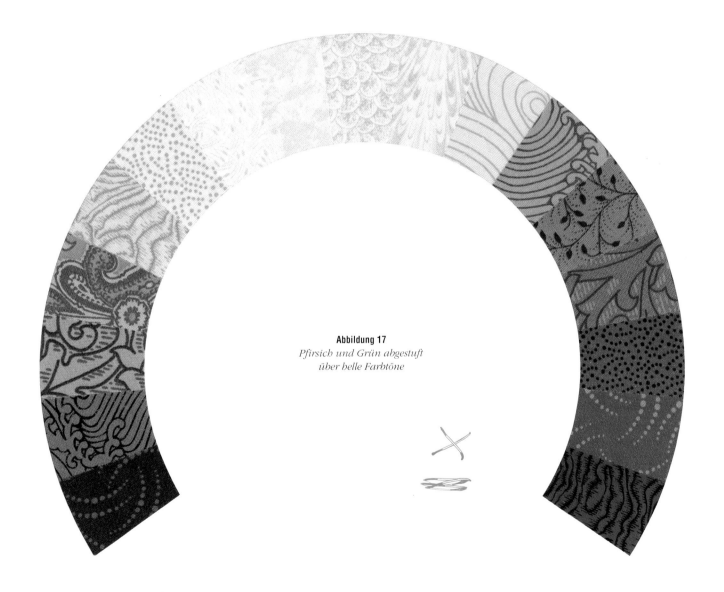

Abbildung 17
*Pfirsich und Grün abgestuft
über helle Farbtöne*

Abbildung 18
*Pfirsich und Grün abgestuft
über helle Töne
mit einem Hauch von Gelb*

Tiefdunkle erreicht ist. Anstatt wie in den vorangegangenen Farbzusammenstellungen Schwarz einzusetzen, sollten hier dunklere Schattierungen von Grün und Pfirsich oder Rot stehen. Beachten Sie, daß die Mengen von dunklen und hellen Stoffarben, die in einem Quilt verwendet werden, Einfluß auf den Gesamteindruck haben. Dazu kommen wir später in diesem Kapitel, siehe Proportion von Farbe und Tonwert.

Machen Sie mit Abbildung 17 folgenden Versuch: Verdecken Sie die drei roten Proben am rechten Ende und die drei grünen am linken Ende. Sehen Sie, wie anders die Zusammenstellung jetzt aussieht? Versuchen Sie es auch mit nur den drei roten Proben abgedeckt oder nur den grünen. Beide sind notwendig.

Obwohl die Farbkombination der Abbildung 17 schön ist, so ist sie doch noch nicht lebendig. Hier fehlt eine weitere Farbe. Man kann aber nicht irgendeine Farbe dazutun, die neue Farbe muß auch abgestuft sein. Man könnte von Grün zu Blau übergehen, ohne dunkler zu werden, insgesamt würde die Palette aber dunkler wirken, weil ein mittleres Blau genommen werden müßte. Dasselbe würde passieren, wenn man von Rot zu einer anderen Farbe abstuft. Wenn die Pastellwirkung erhalten bleiben soll, muß über helle Töne abgestuft werden. Beachten Sie die Wirkung einer kleinen Menge Gelb (Abbildung 18).

Hier hat Gelb eine neue Dimension hineingebracht (kaum zu glauben, daß ausgerechnet ich das sage...). Ich denke aber, daß nach dem Zusatz von Gelb vielleicht an einem Ende etwas weggenommen werden sollte. Verdecken Sie die roten Proben und entscheiden Sie, ob es so besser aussieht. Dann wiederholen Sie das ganze mit den letzten grünen Proben. Beim Zusatz von Gelb sollte eine der beiden Endfarben herausfallen, aber nicht beide. Werden beide Enden aussortiert, geht das Tiefdunkle verloren, und die Farben wirken flach.

Mit losen Farbproben arbeiten

Die Meisterpalette eignet sich hervorragend als Referenzmaterial, aber manchmal sind zusätzliche lose Farbproben aus Stoff oder Papier sehr nützlich für Experimente. Stehen Ihnen keine Stoffproben zur Verfügung, schneiden Sie ungefähr ein Drittel der Farbproben aus Papier ab, die auf Ihrer Pappunterlage ausgelegt sind. Damit haben Sie einen Satz loser Farbproben für die folgenden Übungsaufgaben und für eigene Experimente. Die Stückchen werden erst einmal auf der Pappe in derselben Reihenfolge ausgelegt wie bei der Meisterpalette; später können sie in Plastiktüten oder Briefumschlägen gesammelt und verwahrt werden.

Übung 3 *Zwei Farben abstufen*

Nehmen Sie entweder die aus der Palette ausgeschnittenen Farbproben aus Papier oder passende Stoffproben aus Ihren eigenen Vorräten, und sehen Sie, wie viele verschiedene Abstufungsmöglichkeiten Sie für die in Abbildung 19 angegebenen Farben finden können. (Die Farbbezeichnungen beziehen sich auf die Namen, die hinten auf jede Papier-Farbprobe gedruckt sind; die Farbbezeichnungen sind gleichzeitig die Stoffnamen meiner PALETTE.)

Als erstes betrachten Sie Ihre Meisterpalette und die beiden Farbproben für die Aufgabe. Finden Sie die Stellen in den verschiedenen Meisterpaletten, wo diese Farben

1 *Ockergelb und Kobaltblau (Ocher und Cobalt)*

2 *Terrakotta und Blau-Rot (Terra Cotta und Fuchsia)*

3 *Apfelgrün und Rot-Orange (Apple Green und Burnt Orange)*

4 *Rauchblau und Mohnrot (Wedgewood und Poppy)*

5 *Tannengrün und Blau-Rot (Holiday Green und Fuchsia)*

6 *Hellrot und Olivgrün (Carnation und Olive)*

Abbildung 19 *Versuchen Sie, jedes dieser Farbpaare zueinander abzustufen (die Original PALETTE-Farbbezeichnungen in Klammern)*

vorkommen. Nehmen Sie Beispiele von diesen Farben aus dem Vorrat loser Farbproben, und nehmen Sie ganze Farbgruppen, nicht nur einzelne Farbproben, so daß es zu jeder Farbe mehrere Farbtöne gibt. Breiten Sie die Gruppen von Farbproben vor sich aus und sortieren sie neu, abgestuft nach Helligkeit.

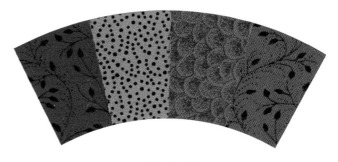

Abbildung 20
*Was halten Sie vom Abstufen
der Farben Knallrosa, Olivgrün, Orange und Lila?*

Abbildung 21
*Knallrosa, Olivgrün, Orange und Lila
zueinander abgestuft*

Zuerst sollten jede Farbprobe und ihre benachbarten Proben zum Dunkelsten hin sortiert werden. Sie können dann damit versuchen, die dunkelsten Töne der verschiedenen Farben zueinander abzustufen. Dann wiederholen Sie den Vorgang, diesmal zum hellsten Farbton hin sortiert, und versuchen, beide Farben über den jeweils hellsten Ton zu verbinden. Probieren Sie auch das Abstufen über mittlere Tonwerte oder sehr kräftige Farbtöne, eventuell auch mit zusätzlichen Farben dazwischen. Vermutlich sind weitere Stoffproben nötig, um glatt abstufen zu können; vielleicht müssen auch einzelne Farben von verschiedenen Stellen auf der Palette zur Abstufung aller Proben genommen werden.

Versuchen Sie, alle angegebenen Farbpaare auf mindestens vier verschiedene Arten abzustufen. Es ist erstaunlich, wieviel schöner die beiden Farben aussehen, wenn sie zueinander abgestuft wurden.

Mehr als zwei Farben abstufen

Bis jetzt haben wir immer nur zwei Farben abgestuft, manchmal ging es über eine der Farben hinaus mit Abstufung zu einer weiteren Farbe. Was wäre, wenn man gleich mit mehr als zwei Farben anfängt? Würden Sie mich für verrückt halten, wenn ich vorhätte, einen Quilt aus Stoffen in Knallrosa, Olivgrün, Orange und Lila zu nähen?

Diese Farben (Abbildung 20) sind für sich gesehen ziemlich grell; wie anders wirken sie dagegen in Abbildung 21, wenn sie zueinander abgestuft wurden. Zusätzliche Farbtöne von dunklem Grün-Braun, Khaki, Pfirsich und Grau-Violett und vielen Schattierungen aller Farben verbinden die Farbtöne miteinander. Tatsächlich handelt es sich um die Palette für meinen Quilt „Sundance" auf Seite 62.

Übung 4   *Drei oder mehr Farben abstufen*

Ist es Ihnen gelungen, alle Farbpaare zueinander abzustufen, können wir nun zum Abstufen von drei Farben kommen. In Abbildung 22 sehen Sie einige Drei-Farben-Sätze zum Üben. Als erstes suchen Sie sich die Farbe aus, die am stärksten hervortreten soll. Dann stufen Sie diese Farbe einerseits zum dunkelsten, andererseits zum hellsten Farbton hin ab. Verbinden Sie eine der übrigen Farben über helle Töne mit dem einen Ende, die andere

1. *Hellbraun, Rauchblau und Hellgrün-Gelb*
(Toffee, Wedgewood und Celadon)

2. *Pfirsich, Scharlachrot und Zartviolett*
(Peach, Scarlet und Periwinkle)

3. *Hellrot, Jadegrün und Olivgrün*
(Carnation, Jade und Olive)

4. *Aschgrau, Scharlachrot und Hellrot*
(Ash, Scarlet und Carnation)

Abbildung 22
Stufen Sie jede dieser Drei-Farben-Sätze zueinander ab

Abbildung 23
Palette nur aus grauen und schwarzen Farbtönen

Farbe über dunkle Töne mit dem anderen. Man kann auch zwei Farben über kräftige oder mittlere Farbtöne verbinden. Manchmal müssen Sie eine weitere Farbe dazunehmen, um alle miteinander verbinden zu können. Machen Sie diese Übung auch mit drei oder mehr Farben Ihrer Wahl.

Monochrome Farbschemen für Quilts

Vielleicht mögen Sie monochrome Farbgebungen wie etwa ganz in Blau oder ganz in Schwarz/Grau oder ganz in Rot lieber als mehrfarbige. Ein Quilt in einer Farbe kann sehr effektvoll sein, aber ich finde, durch zumindest die Andeutung einer weiteren Farbe wirkt die Zusammenstellung lebendiger.

In Abbildung 23 ist zum Beispiel eine grau/schwarze Palette gezeigt. Ein Quilt in diesen Farben kann ganz gut aussehen, aber eine zusätzliche Farbe am hellen oder dunklen Ende macht den Quilt interessanter, ohne den ersten Eindruck eines schwarz/grauen Quilts zu stören. Die Abstufung kann am dunklen Ende von fast allen dunklen Farben kommen, wie zum Beispiel Violett, Dunkelrot, Olivgrün, Marineblau oder Blaugrün usw. Man kann aber genausogut vom anderen Ende mit Hellgelb, Rosa oder Hellgrün anfangen. Beispiele hierfür sehen Sie in Abbildung 24. In jedem Fall bleibt der Eindruck einer einfarbigen Palette erhalten, die aber durch die Andeutung einer zusätzlichen Farbe noch viel interessanter wird.

Betrachtet man Kay Lettaus Quilt „Stars over the Mountain", sieht man zunächst nur Schwarz und Grau,

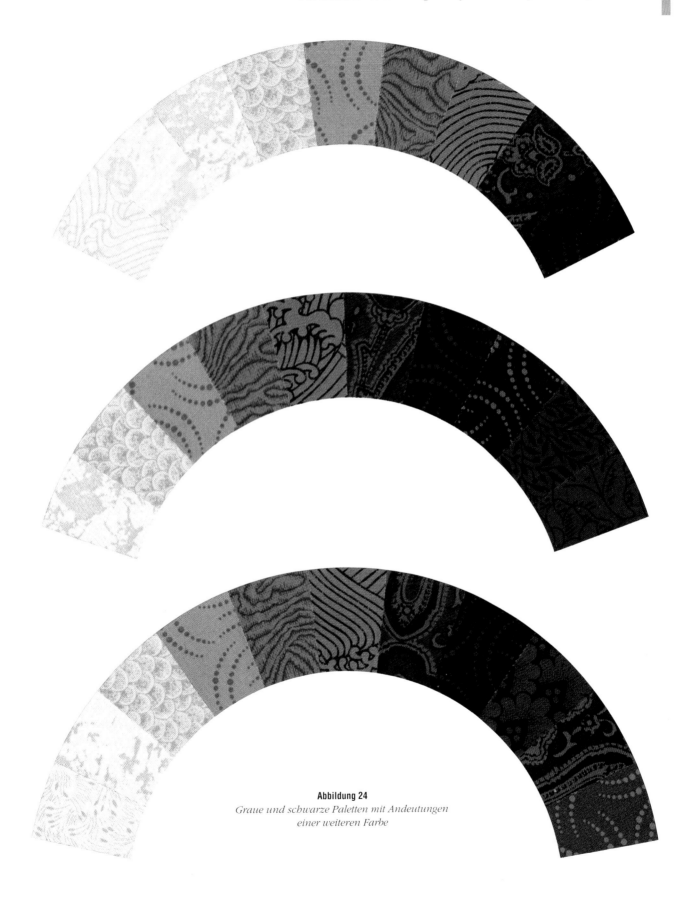

Abbildung 24
*Graue und schwarze Paletten mit Andeutungen
einer weiteren Farbe*

Abbildung 25
„Stars over the Mountain". Quilt von Kay Lettau

Abbildung 26
*Palette der Farben, die Kay Lettau für ihren Quilt
„Stars over the Mountain" benutzt hat*

erst bei näherem Hinsehen erscheinen Andeutungen von anderen Farben. Hauptsächlich wurden graue und schwarze Stoffe benutzt, aber an einem Ende ist die Palette nach Beige abgestuft und am anderen nach Rostrot/Braun, außerdem sind blaugraue Stoffe in die mittleren Grautöne eingestuft. Abbildung 26 zeigt Kay Lettaus Palette zu diesem Quilt.

Sehen Sie sich jetzt die beiden Abbildungen 27 und 29 der „Boxes and Stars"-Quilts an. Welcher gefällt Ihnen besser? Der erste ist mit einer Palette von ausschließlich blauen Stoffen entstanden. Beim zweiten Quilt sind zarte fliederfarbene Töne am hellen Ende und dunkelviolette am dunklen Ende dazugekommen, und zu den mittelblauen Stoffen ist noch Veilchenblau hinzugefügt. Der ganze Quilt wirkt aber immer noch einfarbig.

Übung 5 *Mit einem monochromen Farbschema arbeiten*

Machen Sie ein weiteres Experiment. Schlagen Sie eine der beiden Meisterpaletten in diesem Buch auf oder nehmen Sie Ihre eigene Meisterpalette. Suchen Sie eine Gruppe von Farbproben aus, die in eine Farbfamilie passen, wie Blautöne, Rottöne, Grüntöne oder Gelbtöne. Legen Sie ein Stück Papier oder eine Karteikarte auf beide Seiten neben die Gruppe. Schieben Sie eine der beiden Karten Schritt für Schritt über die Farbproben bis zur ersten Andeutung einer neuen Farbe; dasselbe am anderen Ende. Wiederholen Sie diesen Vorgang um die ganze Palette herum mit allen Farben. Mit einigen wenigen Farbproben kann man

Abbildung 27
„Boxes and Stars" in Blautönen, entworfen und genäht von Jinny Beyer

Abbildung 28
Palette für den Quilt in Abbildung 27

Abbildung 29
„Boxes and Stars" in Blautönen, mit Anklängen an Violett

Abbildung 30
Palette für den Quilt in Abbildung 29

ein monochromes Farbschema herstellen, aber die zarte Andeutung einer weiteren Farbe macht das Ganze viel lebendiger.

Die Proportion von Farbe und Tonwert

Eine Palette ist nichts anderes als eine Ansammlung von Farben. Je nachdem wie man sie benutzt, gibt es große Unterschiede im Gesamteindruck eines Quilts. Die Palette ist nicht mehr als nur eine Anleitung; sie zeigt, welche Farben gut zueinanderpassen und welche dabei sein sollten, um ein harmonisches Ganzes zu bekom-

men. Die Interpretation der Palette hängt ganz davon ab, in welchen Proportionen die angegebenen Farben benutzt werden, wie intensiv, wie dunkel oder hell, wie zurückhaltend oder wie gewagt Sie Ihren Quilt machen wollen.

Sagen Sie nicht, Ihre selbst zusammengestellte Palette wäre mißlungen, weil sie zu dunkel ist. Auf der Palette sieht man immer die gleiche Mengen jeder einzelnen Farbe. Wenn nun Ihr Quilt nicht so dunkel sein soll, benutzen Sie für Ihren Entwurf einfach weniger dunkle und mehr helle Töne.

Kay Sorensen hat interessante Farbstudien in einer Quiltserie gemacht. Sie arbeitete mit der Palette von

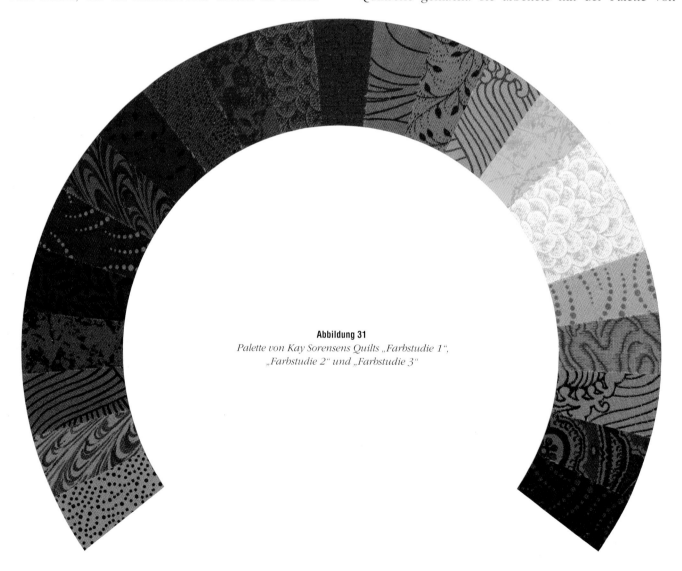

Abbildung 31
Palette von Kay Sorensens Quilts „Farbstudie 1",
„Farbstudie 2" und „Farbstudie 3"

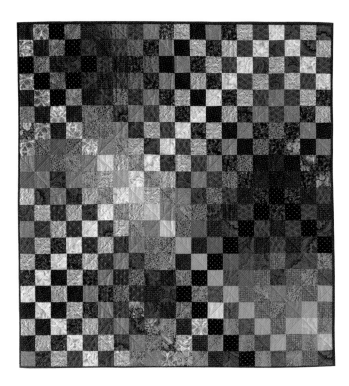

Abbildung 32 *„Farbstudie 1" von Kay Sorensen*

Abbildung 33 *„Farbstudie 2" von Kay Sorensen*

Abbildung 31 und wählte 5×5 cm große Quadrate (ohne Nahtzugabe) als Muster. Die drei ersten Quilts dieser Serie entstanden aus unterschiedlichen Mengen der einzelnen Farben von der Palette.

„Farbstudie 1" wirkt viel heller als die beiden anderen, weil viel mehr helle Quadrate vorkommen. „Farbstudie 2" ist nicht nur der dunkelste, sondern auch der gewagteste Entwurf, vor allem wegen der Anhäufung der kräftigsten Farben (Orange und Rot) nah beieinander und ihrem starken Kontrast zum Schwarz. Interessanterweise sind in der „Farbstudie 1" viel mehr Quadrate in Orange und Rot vorhanden als in der „Farbstudie 2", aber die auffallende Wirkung wird durch den Mangel an Kontrast zu den daneben liegenden Farben vermindert. In „Farbstudie 2" und „Farbstudie 3" sind dagegen die Anzahl der Quadrate in Rot und Orange gleich; sie wirken aber nicht mehr so stark, weil sie nicht kontrastreich direkt neben schwarzen Feldern liegen.

Als nächstes wollte Kay Sorensen einen Charm-Quilt nähen (Quilt, bei dem jedes Stück aus einem anderen Stoff ist). Sie erweiterte dafür die Palette, um eine größere Auswahl von Stoffen einsetzen zu können. Sie stufte von olivgrünen Farbtönen zu Senfgelb, Gold und Gelb ab (Abbildung 35). „Farbstudie 4" wirkt heller als

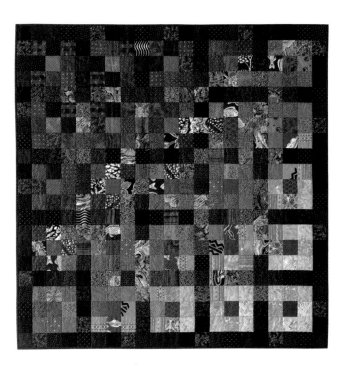

Abbildung 34 *„Farbstudie 3" von Kay Sorensen*

Abbildung 35
*Erweiterte Palette mit zusätzlich Gold und Gelb
für die Quilts in Abbildungen 36, 37 und 38,
alle von Kay Sorensen*

Abbildung 36 *„Farbstudie 4" von Kay Sorensen, ein Charm-Quilt*

Abbildung 37 *„Farbstudie 5" von Kay Sorensen*

die anderen drei, was aber nur von den Mengenproportionen der hier benutzten hellen und dunklen Stoffe abhängt.

„Farbstudie 5" und „6" basieren auf derselben erweiterten Palette wie der Charm-Quilt „Farbstudie 4". In beiden Quilts fallen die goldenen und gelben Farbtöne viel mehr auf als im Charm-Quilt. „Farbstudie 5" ist auffallender und dunkler als „Farbstudie 6", die in der Farbgebung zarter wirkt. Aber das Interessanteste ist, daß beide Quilts nicht nur mit derselben Palette entstanden sind, sondern auch aus den gleichen Stoffen. Der einzige Unterschied besteht darin, daß in „Farbstudie 5" das Helle von der Mitte nach außen hin dunkler wird und in der „Farbstudie 6" umgekehrt das Dunkle von der Mitte nach außen hin heller. Das ist auch der Grund dafür, daß sich die Proportionen von Hell und Dunkel umkehren. Die Reihenfolge der Stoffe, das heißt welcher Stoff neben welchem liegt, ist gleich geblieben.

Am Beispiel dieser beiden Quilts sehen wir ganz deutlich, wie stark die Mengenverteilung von Hell, Dunkel und Farbe das Endergebnis beeinflußt.

Beim Betrachten der Palette für die letzten drei Quilts könnte man meinen, sie ist zu dunkel, oder das Schwarz wirkt zu bedrückend in einem Quilt. Wenn man aber

Abbildung 38 *„Farbstudie 6" von Kay Sorensen*

die schwarzen Farbproben auf der Palette (Abbildung 35) abdeckt, verändert sich der Gesamteindruck sehr, und in Abbildung 39 sehen Sie, was passiert, wenn das schwarze Mittelquadrat aus dem Quilt herausgenommen wird. Das Tiefdunkle ist weg, und den Farben fehlt etwas. Schwarz ist wichtig für die Palette. Wenn man lieber eine hellere Farbzusammenstellung haben möchte, sollte man diese Farbe nur in kleinen Mengen einsetzen. Die Proportionsregeln für Farbe und Tonwert finden Sie in Kapitel 6 Palettenübungen mit Quilts.

Abbildung 39
„Farbstudie 6" von Kay Sorensen,
ohne das schwarze Quadrat in der Mitte.
Vergleichen Sie dies mit Abbildung 38

Kapitel 3

Gemusterte Stoffe für die optische Struktur verwenden

Sowohl die Meisterpalette, die ich Ihnen im 1. Kapitel vorgestellt habe, als auch Ihre eigenen selbst zusammengestellten Paletten sind reine Farbpaletten. Ich würde nie einen Quilt nur aus den Stoffen machen, die ich für meine PALETTE entworfen habe, und Sie sollten genausowenig ausschließlich die Stoffe Ihrer Meisterpalette verwenden. Die für Paletten ausgesuchten Stoffe müssen zurückhaltend gemustert und kontrastarm sein, um zu anderen Mustern zu passen und mit ihnen zu harmonieren. Sie sind die Grundlage, um aufregende Farb- und Stoffzusammenstellungen für jedes beliebige Quilt-Vorhaben entstehen lassen zu können. Haben Sie sich jedoch entschieden, mit gemusterten anstatt mit uni Stoffen zu arbeiten, ist Farbe nur eine der Zutaten für Ihren Quilt. Auch die Art der Druckmuster beeinflußt ganz wesentlich das Endergebnis.

Unterschiedliche Druckmuster

Es sollten mehrfarbige und mittelgroß bis groß gemusterte Stoffe in die Palette aufgenommen werden und sie ergänzen. Sie sorgen für Vielfalt und Kontrast, schließlich geben sie dem Quilt, abgesehen von der Farbe, Struktur. Diese Struktur kann man sehen, nicht fühlen. Bei strukturierten Stoffen denkt man gewöhnlich an Stoffe wie beispielsweise Seersucker, Seide und Taft usw. Wichtige Bestandteile eines Quilt-Entwurfs sind aber die optische Struktur, also das, was wir auf der Oberfläche des Quilts sehen, und die Art, wie Muster miteinander wirken. Man erreicht die optische Strukturierung nur dadurch, daß man viele verschiedene Arten und Größen von Druckmustern benutzt.

Bei guter optischer Struktur möchte der Betrachter den Quilt anfassen, man möchte fühlen, was man sieht. Es gibt Quilts, die ganz seidig aussehen und doch zu 100% aus Baumwolle bestehen; andere wiederum haben eine Oberfläche, die überhaupt nicht so weich und glatt wie Stoff aussieht. Es ist die Zusammenstellung der Druckmuster, die diese Illusion bewirkt.

Es gibt viele Arten von Druckmustern, und Sie sollten sich darin üben, Unterschiede zu erkennen. Finden Sie Muster mit harten Linien, wie sie in gestreiften und karierten Stoffen vorkommen, und solche mit weichen Linien wie in Kurven, Kringeln, Blumen oder Blättern. Manche Muster wirken fast einfarbig, andere sehen gefleckt aus; der Kontrast kann groß oder klein sein und dadurch unterschiedliche Strukturen erzeugen.

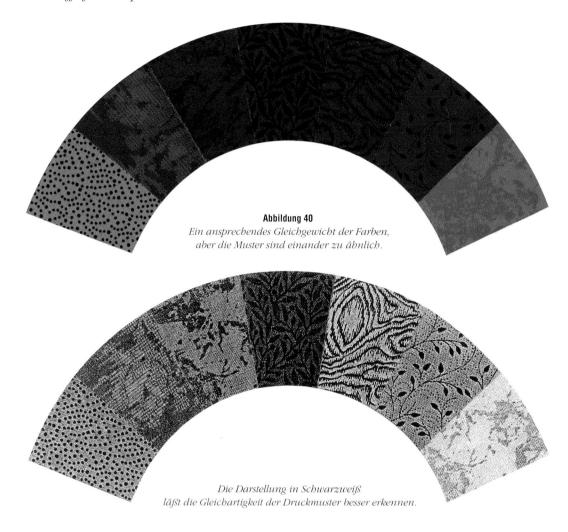

Abbildung 40
*Ein ansprechendes Gleichgewicht der Farben,
aber die Muster sind einander zu ähnlich.*

*Die Darstellung in Schwarzweiß
läßt die Gleichartigkeit der Druckmuster besser erkennen.*

Betrachtung in Schwarzweiß

Wenn ich Stoffe für eine neue Kollektion entwerfe oder Stoffe für einen neuen Quilt auswähle, arbeite ich oft mit Fotokopien der gemusterten Stoffe. Ich erkenne Unterschiede in der optischen Struktur von Mustern besser ohne den zusätzlichen Einfluß von Farben. Vielleicht finden Sie es auch hilfreich, Muster erst einmal in Schwarzweiß anzusehen. Beim farbigen Beispiel in Abbildung 40 wirken die Farben ausgewogen, aber die Muster sind viel zu ähnlich. Die Darstellung in Schwarzweiß bringt das Gleichartige der Muster erst richtig zur Geltung.

Dieselben Farben können viel interessanter werden, wenn man unterschiedliche Druckmuster benutzt. Im Beispiel von Abbildung 41 sieht man sowohl in der farbigen als auch in der schwarzweißen Darstellung eine viel lebendigere Strukturierung.

Weil ich selbst gern erst mit Abbildungen in Schwarzweiß arbeite, lasse ich auch meine Schüler optische Strukturen mit Hilfe von Fotokopien unterschiedlicher Muster erarbeiten.

Farbe beeinflußt unsere Beurteilung eines Stoffes außerordentlich, und das Ausklammern der Farbe macht es einfacher, Unterschiede im Muster zu erkennen.

Mehrere Arten von Druckmustern sind in Abbildung 42 in Schwarzweiß dargestellt. Ich habe diese Stoffe in Gruppen sortiert, so wie ich sie wahrnehme. In jeder Gruppe sind klein- bis großgemusterte Stoffe dabei. Die Art, in der ich die Muster klassifiziere, ist bestimmt nicht die einzig mögliche – jemand anderes würde es wahrscheinlich anders machen.

Abbildung 41:
*Dieselben Farben wie in Abbildung 40,
aber mehr Mustervielfalt.*

*Wieder zeigt die Schwarzweiß-Darstellung
die Unterschiede sehr deutlich.*

Übung 6 *Wie viele unterschiedliche Muster haben Sie in Ihrer Stoffsammlung?*

Im Kurs lasse ich meine Schüler gern ihre mitgebrachten Stoffe beurteilen. Unweigerlich hat jeder viele einander sehr ähnliche Stoffmuster – fast alle Stoffe sind geblümt oder kariert oder großgemustert usw. Als nächstes frage ich, wie viele Kursteilnehmer einen Stoff ohne Blätter oder Blumen haben. Es gibt Gelächter und Erstaunen, wenn sie merken, daß fast alle ihre Stoffmuster Blumen und Blätter enthalten. Schauen Sie Ihre eigenen Stoffe durch, ob es zutrifft. Und Sie können nichts dafür! Mindestens 85 % aller gemusterten Druckstoffe in Quilt-Läden enthalten Blumen und Blätter, und mindestens 90 % enthalten Blumen, Blätter und irgendeine geschwungene Form. Deshalb habe ich beim Entwerfen meiner Stoffdrucke immer darauf geachtet, eine Vielfalt von Mustertypen zu verwenden.

Das soll nun aber nicht heißen, daß Sie keine Stoffe mit Blumen- oder Blattmustern kaufen dürfen. Denken Sie vielmehr daran, daß eine Vielfalt verschiedener Mustertypen Ihren Quilt wesentlich bereichern kann. Beschäftigen Sie sich gründlich mit den Mustertypen in Abbildung 42, und sehen Sie dann Ihre eigenen Stoffe durch, wie viele unterschiedliche Druckstoffe Sie gekauft haben. Gibt es Sorten, von denen Sie viele Stoffe haben, und fehlen Ihnen andere wiederum völlig?

Wie viele wirklich unterschiedliche Mustertypen gibt es in Ihrer Stoffsammlung? Oft ist uns die Farbe eines Stoffes wichtiger als seine Musterung, und in einer Bestandsaufnahme all Ihrer Stoffe werden Sie wahrscheinlich viele sehr ähnliche Muster finden, auch wenn

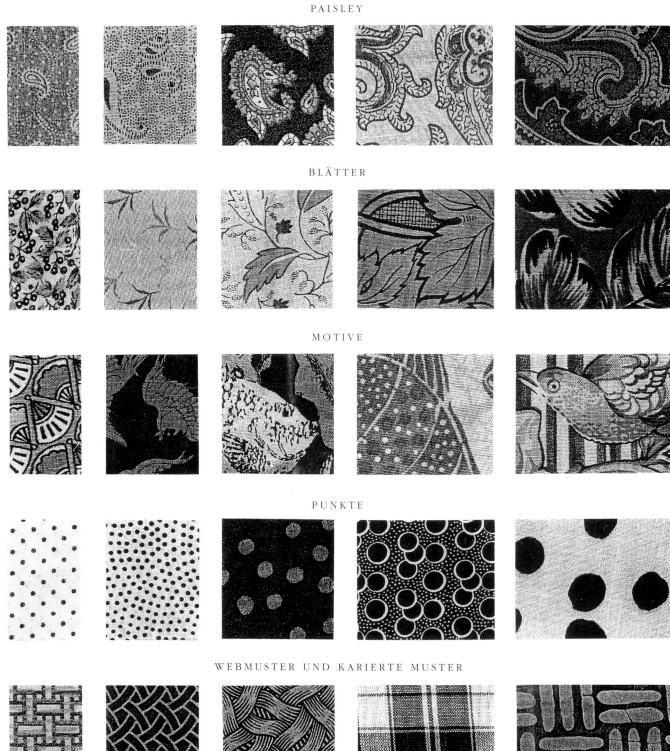

Abbildung 42 *Stoffmuster mit verschiedenen Strukturen, in Schwarzweiß wiedergegeben*

GEOMETRISCHE MUSTER

BLUMEN

LINIEN

RANKEN

KURVEN UND WELLEN

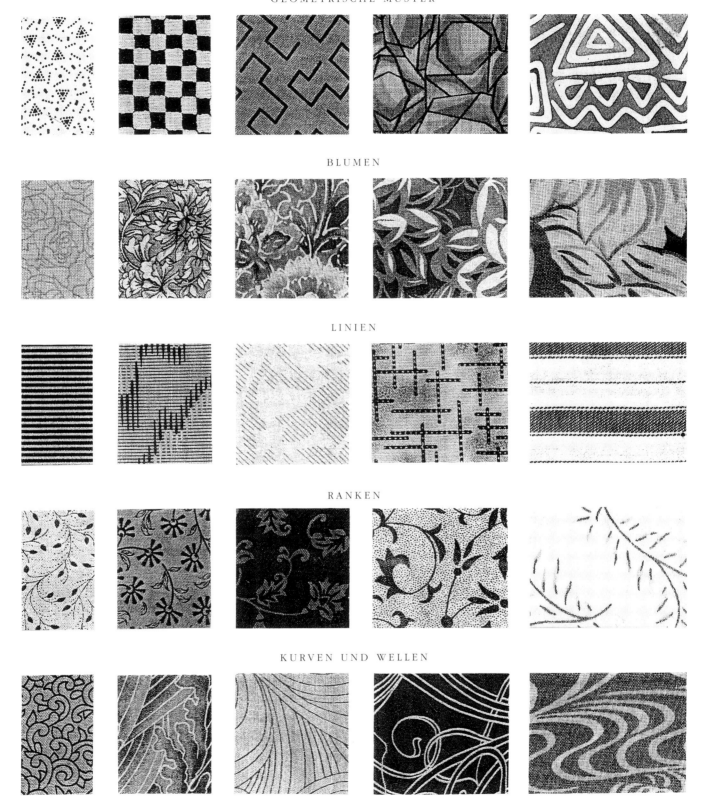

die Farbvariation sehr groß ist. Wenn also die Mehrzahl Ihrer Stoffe einen bestimmten Mustertyp hat, sollten Sie sich um Stoffmuster anderer Art bemühen.

Lassen Sie sich nicht von der Größe des Musters irreführen. Ein klein gedrucktes Rankenmuster sieht zwar anders aus als ein groß gemusterter Rankenstoff, aber beide Muster sind dennoch sehr ähnlich, und es wäre besser, ganz andere Mustertypen zu finden. In Abbildung 43 sieht man im oberen Teil verschiedene Mustergrößen, die alle Ranken als Motiv haben. Wenn Ihr Quilt nur aus wenigen Stoffen besteht, sollte ein Stoff mit Rankenmuster genügen. Der Quilt wird viel interessanter, wenn alle Stoffe unterschiedlich gemustert sind und reichlich optische Struktur haben wie im unteren Teil der Abbildung. Verdecken Sie einmal die unteren Stoffproben, und betrachten Sie nur die oberen. Dann verdecken Sie die oberen. Welche gefallen Ihnen besser?

Abbildung 43 *Der obere Teil der Abbildung ist farblich gut zusammengestellt, besteht aber nur aus Rankenmustern. Der untere Teil ist farblich gleich, hat aber eine größere, strukturell unterschiedliche Vielfalt*

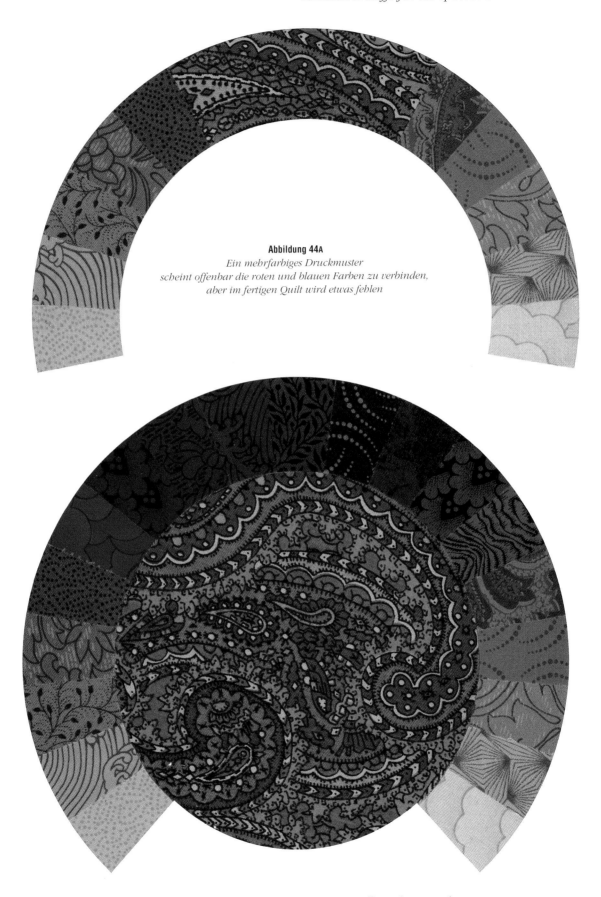

Abbildung 44A
*Ein mehrfarbiges Druckmuster
scheint offenbar die roten und blauen Farben zu verbinden,
aber im fertigen Quilt wird etwas fehlen*

Abbildung 44B *In dieser Palette ist der mehrfarbige Stoff ausgelassen worden
und durch Farben ersetzt, die zur Abstufung von Rot nach Blau dienen*

Abbildung 45:
Zwei Ausschnitte vom Quilt „Sundance";
hier bilden zwei mehrfarbige Stoffe
(einer in Grün/Braun, der andere in Rostrot/Violett)
den Übergang zwischen je zwei Farben

Fehler im Umgang mit mehrfarbig gemusterten Stoffen vermeiden

Mehrfarbige und strukturell unterschiedliche Stoffmuster sind wichtig für einen Quilt, dennoch sollten Sie nicht den Fehler machen, einen Vielfarbendruck in die Abstufung einer Palette einzubringen. Wenn ich mit einer Gruppe im Kurs Farben erarbeite, kommt es oft vor, daß eine Teilnehmerin von zwei Farben mehrere Schattierungen hat, sagen wir zum Beispiel Blau und Rot, und diese miteinander verbindet, und zwar nicht in mehreren Abstufungen über helle oder dunkle oder intensive Farbtöne, sondern mit einem mehrfarbigen Stoffdruck, der sowohl Rot als auch Blau enthält, wie Sie in Abbildung 44A sehen können. Die Schülerin meint, weil dieser mehrfarbige Stoff beide Farbgruppen enthält, könne man ihn als Überleitung zwischen den Farbgruppen benutzen und so eine abgestufte Farbpalette erhalten.

Ein mehrfarbiger Stoff kann die Überleitung zwischen zwei Farben Ihres Quilts bilden, wenn Sie auch die anderen Grundfarben abstufen. Man könnte sogar eine Zusammenstellung wie in Abbildung 44A in einem Entwurf mit abgestuften Stoffen benutzen. Im Gesamtbild wird die Farbwirkung von einem solchen Quilt jedoch unbefriedigend sein, wenn die Grundfarben nicht auch abgestuft werden und nicht mindestens mehrere dieser Farben im fertigen Quilt erscheinen, wie in Abbildung 44B. Blättern Sie zurück zu Abbildung 6, wo mehrere Möglichkeiten zum Abstufen von Rot nach Blau gezeigt sind.

In den Ausschnitten von meinem Quilt „Sundance" in Abbildung 45 habe ich mehrfarbige Stoffmuster als Übergänge benutzt – einmal zwischen Grün und Braun und einmal zwischen Rostrot und Violett. Auf diese Art abzustufen sieht stellenweise interessant aus, aber vergleichen Sie einmal diesen Ausschnitt mit der ganzen Palette und dem fertigen Quilt (Abbildungen 46 und

Abbildung 46
Palette der Farben für den Quilt „Sundance"

47). Der Quilt wäre weniger eindrucksvoll, würden nicht Farben der gesamten Palette an mehreren Stellen auf dem Quilt erscheinen.

Für den Gesamteindruck ist es also sehr wichtig, vielfarbige Stoffmuster in verschiedenen Schattierungen in einem Quilt zu haben; dennoch sollten Sie nicht versuchen, die Grundfarben der Palette mit diesen Stoffen darzustellen, denn die Farbwirkung hängt zu sehr vom jeweiligen Teilausschnitt eines Musters ab. Wenn ich eine Palette zusammenstelle, stufe ich am liebsten die Grundfarben zueinander ab und füge mehrfarbige Drucke an einer Seite hinzu.

Abbildung 47 *„Sundance" von Jinny Beyer*

Kapitel 4

Wenige oder viele Stoffe verwenden?

Bis jetzt haben wir uns in unserem Farbsystem mit dem Abstufen zahlreicher Farben beschäftigt. Für einen Quilt in sämtlichen dieser Farben müßten viele verschiedene Stoffe benutzt werden. Meine Schüler fragen mich oft: „Was soll ich tun, wenn ich meinen Quilt aus weniger Stoffen nähen möchte? So viele Stoffe könnte ich gar nicht verwenden – in mein Muster passen nur fünf Stoffe!"

Die Vorteile vieler Stoffe

Als erstes möchte ich betonen, daß es viel Spaß macht, einen Quilt aus vielen Stoffen zu nähen. Bei den Paletten in den vorigen Kapiteln haben Sie gesehen, wie lebendig Farben wirken, wenn sie mit vielen anderen zusammengestellt werden. Nur einer von all meinen Quilts enthält weniger als zwanzig verschiedene Stoffe, bei den meisten sind es mindestens fünfzig. Ich werde oft gefragt, wie das Leuchten in einigen meiner Quilts zustande kommt. Das ist das Ergebnis einer sehr reichhaltigen Stoffauswahl und entsteht durch das Abstufen von kräftigen Farben zu ähnlichen, jedoch weniger intensiven Farbtönen. Das Abstufen erzeugt einen so milden Kontrast, daß auch sehr lebhafte Stoffmuster nicht allzusehr auffallen.

Viele Farben in meinem Quilt „Sundance" (auf der gegenüberliegenden Seite) sind ziemlich intensiv. Sehen Sie beispielsweise den Einzelausschnitt in Abbildung 48A. Hier liegen die kräftigen Farben Orange und Blaurot gehäuft beieinander und sind ineinander abgestuft, so daß sie nicht so auffallend wirken wie das kräftige Blaurot, wenn es an einer anderen Stelle allein steht.

Steht dieses Blaurot zum Beispiel inmitten gedämpfter Farben, in die es nicht stufenlos übergeht, wirkt es ganz anders. Jetzt sticht es hervor und wirkt sehr hart. Wenn jedoch dieselbe Farbe mit ähnlichen Farbtönen abgestuft wird, führt das zum besagten „Leuchten". Die kräftigen Farben sind genauso wichtig wie die gedämpften Töne, und das Erfolgsrezept liegt in der großen Vielfalt von Farbschattierungen.

Derartige Ausschnitte mit Abstufungen passen aber nicht zu jedem Quiltentwurf. Für Quilts aus Blöcken, in denen dasselbe Muster wiederholt wird, können Sie auch weniger Stoffe verwenden. Aber auch hier wird der Entwurf langweilig, wenn alle Blöcke gleich aussehen. Deshalb macht es auch in dieser Situation Spaß, unterschiedliche Stoffe zu benutzen, damit jeder Block

Abbildung 48A *Ausschnitt des Quilts „Sundance",
in dem ein kräftiges Blaurot in die umliegenden Farben abgestuft wurde.*

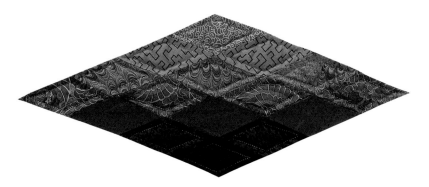

Abbildung 48B *Ausschnitt des Quilts „Sundance".
Hier steht das Blaurot in einer Umgebung
von gedämpften Farbtönen und sticht sehr hervor.*

ein wenig anders wird. Für den inneren Zusammenhang des Entwurfs könnte man zum Beispiel Dunkelblau oder eine andere Farbe an einer bestimmten Stelle in jedem Block einsetzen und auch diese Farbe in Schattierung, Intensität oder Druckmuster-Struktur variieren. In dem Quilt „Rolling Star" in Abbildung 76 wurden viele verschiedene Stoffe verwendet. Die Sterne in jedem Block sind immer rot und marineblau, aber nicht im selben Rot oder Blau. Die Farben sind unterschiedlich hell und unterschiedlich intensiv, aber immer wurden an den gleichen Stellen im Block rote und blaue Stoffe benutzt, und innerhalb von jedem Block sind sie die dunkelsten Farbtöne. Genauso sind die Dreiecke an den Blockecken immer gold oder olivgrün, aber eben auch wieder in verschiedensten Gold- und Grüntönen. Und bei allem wurde auf eine größtmögliche Vielfalt von Druckmustern geachtet, um strukturelle Ausgewogenheit zu erzielen.

Wollen Sie nicht immer dieselbe Farbe an einer bestimmten Stelle im Block verwenden, können Sie versuchen, andere Farben des gleichen Tonwerts an die bewußten Stellen im Block einzusetzen. Nehmen Sie ruhig viele Farben von der Palette dafür, Sie müssen aber die dunklen, mittleren oder hellen Töne immer an die gleichen Stellen setzen.

Sehen Sie sich Loanne Hamjes Quilt in Abbildung 49 an und ihre Palette dazu in Abbildung 50. Kein Block gleicht dem anderen, und dennoch macht der Quilt einen einheitlichen Eindruck, denn in jedem Block ist eine bestimmte Anordnung der Tonwerte eingehalten. Obwohl unterschiedliche Farben verwendet wurden, liegen an den großen Richtungspfeilen vom Kompaß immer die dunkelsten Stoffe, die aber in einigen Blöcken dunkler oder kräftiger sind als in anderen.

Die Richtungspfeile daneben sind immer in mittleren Tonwerten gehalten, die aber je nach Farbtiefe der anderen Stoffe im Block unterschiedlich hell oder dunkel sind. Dieser Quilt zeigt sehr anschaulich, wie man eine Palette aus vielen Stoffen wirlich wirkungsvoll einsetzen kann.

Abbildung 49 *„Mariner's Compass" von Loanne Hamje*

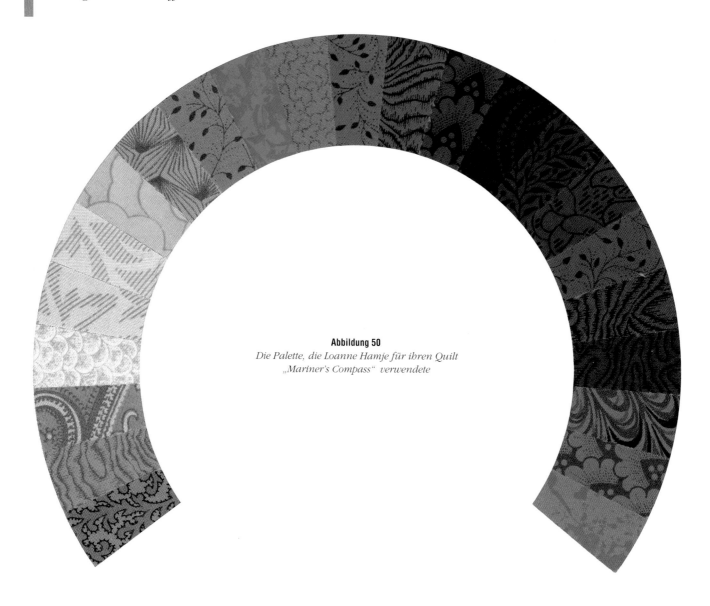

Abbildung 50
Die Palette, die Loanne Hamje für ihren Quilt
„Mariner's Compass" verwendete

Die Palette auf wenige Farben verkleinern

Obwohl sehr wirkungsvoll, ist ein bunter „Scrap-Quilt" (Quilt aus Stoffresten) vielleicht nicht Ihr Stil. Sie möchten lieber mit einer kleinen Auswahl von Stoffen einen Quilt entwerfen, der regelmäßig und geordnet wirken soll. Nur zu! Quilts aus nur sechs oder sieben verschiedenen Stoffen können genauso schön sein wie Quilts aus vielen Stoffen.

Aber auch bei wenigen Stoffen ist eine fein abgestufte Palette ein unersetzliches Hilfsmittel – wenn man sie nur richtig zu nutzen weiß. Haben Sie vor, in Ihrem Stoffladen das perfekte Farbschema für einen Quilt aus wenigen Stoffen zu finden, sind Sie wahrscheinlich überwältigt von dem Riesenangebot an Stoffen und Farben und wissen nicht, wo Sie anfangen sollen. Haben Sie sich jedoch vorher Gedanken zu Ihrer Farbpalette gemacht, können Sie sich im Laden sofort auf die zur Palette passenden Farbtöne konzentrieren. Sie müssen nicht mehr in tausend Stoffballen herumsuchen, sondern haben durch die vorher zusammengestellte Palette eine Vorauswahl getroffen und sich damit die Stoffwahl erleichtert.

Ich rate Ihnen, mit einer reichhaltigen Palette anzufangen, ähnlich denen, die wir bisher im Buch erarbeitet haben, auch wenn Sie mit nur wenigen Stoffen arbeiten wollen. Entscheiden Sie, welches die Hauptfarben sein sollen, und stufen Sie diese ineinander ab. So bleibt die Auswahl von Schattierungen immer noch groß, und gleichzeitig können Sie schon viele Stoffe im Laden ausklammern. Stellen Sie also eine abgestufte Palette mit den drei Hauptzutaten zusammen – mit abgestuften Farbtönen, dem Tiefdunklen und dem Akzent. Anschließend suchen Sie anhand der einzelnen Farben auf der Palette unter den vielen verschiedenen Druckmustern im Laden ein paar Stoffe aus, die zusammen ausgeglichen und harmonisch wirken.

Bei weniger als zehn verschiedenen Stoffen in einem Quilt nimmt die Bedeutung der unterschiedlichen optischen Strukturen zu. Wenn beispielsweise alle Stoffe kleine Blümchenmuster haben, kann der Gesamteindruck sehr monoton sein. Jedes Muster sollte unterschiedlich sein. Nehmen Sie mindestens einen großgemusterten Stoff, und achten Sie darauf, daß eckige und runde Muster dabei sind, auch weiche und harte. Bedenken Sie dabei, daß es oft nicht ganz einfach ist, Farben und Muster in ein harmonisches Gleichgewicht zu bringen. Da hat man endlich die perfekten Farben gefunden, und muß dann feststellen, daß alle Stoffe das-

selbe Druckmuster haben! Ob das aber ein Problem wird, hängt von der Anzahl der im Quilt verwendeten Stoffe ab. Bei einem Quilt aus vielen Stoffen macht es nicht so viel aus, wenn verschiedenfarbige Stoffe dasselbe Druckmuster haben, weil es noch viele andere Stoffe zum Ausgleich gibt. Aber bei einem kleineren Stoffsortiment ist der Gesamteindruck besser, wenn alle Muster unterschiedlich sind. Wie soll man aber die Auswahl von nur wenigen Farben treffen? Beachten Sie dazu folgende drei Schritte.

Schritt 1 *Farben auswählen und abstufen*

Wählen Sie Farben, mit denen Sie gern arbeiten. Ich wollte zum Beispiel in meinem Quilt „Borealis", der in Abbildung 51 gezeigt ist, Rot und Violett haben. Um von Rot nach Violett abzustufen, mußte ich von kräftigem Geranienrot (meinem Akzent) über Dunkelrot nach

Abbildung 51 *„Borealis" von Jinny Beyer*

Abbildung 52
*Rot und Violett, die beiden für den Quilt „Borealis" zuerst ausgesuchten Farben,
und die Palette, in der sie zueinander abgestuft wurden*

Rotviolett und dann über Schwarz (mein Tiefdunkles), Blauviolett und Blaurot zu Violett abstufen.

Über das Rot hinaus habe ich zu Rosa abgestuft, und über Violett hinaus zu Blauviolett, Blaugrau und Grau. Bei diesem Abstufen braucht man sich keine Sorgen zu machen, daß die Palette zu umfangreich wird, denn die vielen Abstufungen helfen, die wesentlichen Farben zu erkennen, auch wenn am Ende weniger Farben verwendet werden.

Schritt 2 *Farben bewerten und anpassen*

Nach dem Abstufen der Farbauswahl prüft man, ob es noch Lücken gibt. In meiner fertigen „Borealis"-Palette fehlte mir noch etwas; das Tiefdunkle und der Akzent waren schon da, vielleicht war eine weitere Farbe nötig? Ich prüfte auf meinen verschiedenen Meisterpaletten, nach welchen Farben Rosa abgestuft war und in welche Farbe Grau überging. Auf einer Karte fand ich das Grau nach einem blassen Türkis abgestuft; ich probierte es aus und war zufrieden. Noch mehr Grüntöne nach den zarten Pastelltönen waren aber zu viel des Guten. Wenn man die drei grünen Farbproben der Palette in Abbildung 52 abdeckt, wird deutlich, welchen Unterschied sie hervorrufen.

Schritt 3 *Farben weglassen*

Dies war die vollständige Palette für meinen Quilt „Borealis". Was wäre nun, wenn ich nur acht Stoffe in meinem Quilt benutzen wollte und nicht all die Farbtöne zwischen Rot und Violett? Ich würde, mit der Palette als Leitfaden, folgende Farben aussuchen, um schließlich zu der verkleinerten Palette in Abbildung 53A zu kommen: Weil Rot und Violett die ursprünglichen Farben waren, müßte ich mindestens zwei rote und zwei violette Schattierungen auswählen, die wegen der begrenzten Gesamtzahl von Stoffen alle unterschiedlich sein sollten. Ein Stoff sollte die Übergangsfarbe von Rot nach Violett sein, z. B. Rotviolett, und da das blasse Türkis so wichtig für den farblichen Gesamteindruck war, sollte auch dieses dabei sein. Die rosa Farbtöne am anderen Ende der Palette vervollständigen das Farbschema, deshalb sollte auch ein rosa Stoff dazukommen, und für den Hintergrund wäre sicher ein sehr heller Ton passend.

Achten Sie beim Verkleinern einer Palette darauf, nicht das Tiefdunkle oder den Akzent zu verlieren, die dunk-

lere oder intensivere Version von einer oder zwei Farben. Die Palette in Abbildung 53A besteht aus acht Farben – zwei Rottönen (einer ist der Akzent), einem Rosa, zwei Schattierungen von Violett, einem Blaugrün, einem Grau und einem tiefdunklen Violett. Beachten Sie, wie sehr die Palette sich verändert, wenn Sie das Tiefdunkle (Abbildung 53B) oder den Akzent (Abbildung 53C) weglassen. Wollen Sie die drei Abbildungen beurteilen, decken Sie am besten die, die Sie im Moment nicht interessieren, mit einem Stück Papier ab. Decken Sie auch noch einmal in Abbildung 53A die grüne Farbprobe ab. Jetzt sehen Sie, wie wichtig das Grün auch in der verkleinerten Palette ist – genauso wichtig wie in der erweiterten Palette!

Hinweis: Bei der Wahl von wenigen Farben aus einer größeren Palette ist die Versuchung groß, seine eigenen Lieblingsfarben zu nehmen. Man sollte aber immer daran denken, daß auf einer recht intensiven Palette ein paar gedämpfte Farbtöne die klaren, kräftigen Farben noch mehr hervortreten lassen. Wenn Ihnen Paletten aus zarten, sanften Farben lieber sind – ein paar kräftigere Farben können diese Wirkung noch verstärken. Wenn alle Farbtöne den gleichen Charakter haben, sieht im Zusammenspiel keiner mehr richtig gut aus.

Übung 7 *Wenige Farben aus einer umfangreicheren Palette auswählen*

Mit dieser Aufgabe kann das eben Gelernte geübt werden. Nehmen Sie sich eine der beiden Meisterpaletten in diesem Buch vor oder Ihre eigene, die Sie selbst zusammengestellt haben. Suchen Sie wieder zwanzig nebeneinander liegende Farben aus, und decken Sie beide Seiten der zwanzig Farben im Fenster mit Papier ab, um die Farben einzeln zu haben. Verschieben Sie das Fenster jeweils um ein paar Farbproben, bis Sie eine zufriedenstellende Kombination gefunden haben. Suchen Sie dieselben Farben aus Ihren Stoffproben heraus und ordnen sie in derselben Reihenfolge. Nun verringern Sie die zwanzig Stoffproben auf sechs. Suchen Sie ein Tiefdunkles, einen Akzent und eine helle Hintergrundfarbe heraus, und dann legen Sie versuchsweise andere Farbtöne daneben, bis eine befriedigende Farbkombination entsteht. Wiederholen Sie diese Übung mehrmals, bis Sie sich mit Ihren Farbzusammenstellungen ganz sicher fühlen.

Abbildung 53A *Acht Farben aus der erweiterten Palette*

Abbildung 53B *Hier ist das Tiefdunkle entfernt*

Abbildung 53C *Hier wurde der Akzent herausgenommen*

Kapitel 5

Die Palette passend zu einem mehrfarbigen Stoffdruck zusammenstellen

Wahrscheinlich kennen viele Geschäftsinhaber folgende Situation: Eine Kundin kommt in den Laden und sucht für einen Quilt nach Stoffen, die genau zu einem mehrfarbigen Stoff- oder Tapetenmuster passen – ich nenne das ein „thematisches" Muster. Die Kundin versucht, genau dieselben Farben wie in dem betreffenden Muster zu finden; kommen darin Rot, Grün und Blau vor, kauft sie nur Stoffe in genau denselben Rot-, Grün- und Blautönen. Die Auswahl ist dadurch ziemlich klein und das Ergebnis oft enttäuschend.

So kann es sein, daß jemand Stoffe in Farben kauft, die genau zu einem bestimmten Stoffdruck passen und sich später wundert, warum das Endergebnis so langweilig wirkt. Die Farben in dem mehrfarbigen Stoffmuster oder der Tapete sahen so prächtig aus; warum scheint jetzt etwas zu fehlen, wenn doch genau dieselben Farben im Quilt verwendet wurden? In diesem Kapitel lernen Sie, warum dies so ist, und wie sich dieser Effekt vermeiden läßt. Sie lernen, wie man drei Arten von Paletten herstellt, die zu einem „thematischen" Muster passen, und jede Palette gibt Ihrem Quilt ein anderes Aussehen. Sie können diese Methode anwenden, wenn Sie Ihre Arbeit auf ein Element im Zimmer, einen Möbelstoff oder eine Tapete abstimmen möchten, oder wenn Sie wirklich einen „thematischen" Stoff in einem Quilt benutzen wollen.

Das Tiefdunkle ist leicht zu übersehen

Eine Ursache dafür, daß dem Farbschema etwas zu fehlen scheint, könnte die unvollständige Farbauswahl vom thematischen Stoff sein. Betrachten Sie die mehrfarbigen, großgemusterten Stoffdrucke in Abbildung 54 – in jedem Beispiel sind viele Farben durch eine feine dunkle oder schwarze Linie voneinander abgegrenzt.

Beim Koordinieren solcher Farbdrucke kann man leicht die schwarze Linie übersehen, weil sie nur ein Strich ist und nicht als Farbe wahrgenommen wird. Trotzdem ist diese Umrißlinie für den Gesamteindruck vom Stoff genauso wichtig wie das kleinste Element des Tiefdunklen auf der Palette.

In Abbildung 55 sehen wir unterschiedliche Ausführungen von zwei Stoffdrucken – wie sie mit Umrißlinie aussehen und was passiert, wenn sie fehlt. Ohne die dunkle Linie wirken die Muster flach und unvollständig. Beim Anpassen von Farben an einen mehrfarbigen Druck merken wir nicht, daß erst die dunkle Linie die-

Abbildung 54 *Beachten Sie die feine dunkle oder schwarze Linie in diesen mehrfarbigen Stoffmustern*

ses Muster schön macht und daß der Stoff ohne die Linie fade wirkt. Die schwarze Linie werden wir später noch einmal ansprechen; jetzt sollten Sie zunächst erkennen, daß das Fehlen dieser dunklen Farbe einen Quilt matt aussehen läßt.

Der thematische Stoff ist Richtlinie, nicht Gesetz

Es gibt einen weiteren Grund, warum es nicht ausreicht, Stoffe nach einem thematischen Muster auszusuchen. Es fehlen dann nämlich Farben in den helleren und dunkleren, kräftigeren und gedämpfteren Schattierungen des thematischen Musters, und gerade diese machen das Farbschema viel reichhaltiger als es ausschließlich farbgleiche Stoffe könnten. Das Farbschema eines mehrfarbigen, großgemusterten Stoffs, eines Tapetenmusters

oder eines Möbelstoffs kann ein guter Einstieg für die Farbzusammenstellung eines Quilts sein.

Die Farben von einem thematischen Muster können wunderbar als Anleitung dienen, wenn man noch unsicher im Umgang mit Farben ist, oder wenn man einen bestimmten Stoff oder ein Farbschema hat, mit dem man arbeiten möchte. Wenn Ihnen ein Muster gefällt und die Farben Sie ansprechen, wissen Sie schon, wie Sie anfangen sollen, und viele Stoffe im Laden können Sie getrost vergessen. Genau das sollte es auch sein – nur ein Anfang. Lassen Sie den Musterstoff nicht zum Diktator werden, der Ihnen Farben vorschreibt und keine Alternativen zuläßt. Benutzen Sie ihn als Anleitung – suchen Sie passende Stoffe für die Grundfarben des thematischen Musters, und dann alle weiteren Farbtöne, die Sie zum Abstufen dieser Stoffe brauchen. So kommen Sie zu einer weitaus interessanteren Farbzusammenstellung.

Abbildung 55
*Das Erscheinungsbild von Stoffen verändert sich erheblich,
wenn die dunkle Linie herausgenommen wird*

Drei Arten von Paletten zum Koordinieren

Für die Zusammenstellung einer Palette, die mit einem bestimmten Stoff koordiniert werden soll, gibt es drei mögliche Wege: Sie können die Farben des Musters genau abgleichen, Sie können aber auch mit einer erweiterten oder mit einer eingeschränkten Palette arbeiten.

Sehen Sie sich das Beispiel mit dem Paisley-Stoff in Abbildung 56 an. Die Stoffproben darüber haben genau die Farben des Druckmusters. Sie sehen recht ansprechend aus, aber der Gesamteindruck ist nicht umwerfend. Es fehlen nämlich andere Schattierungen dieser Grundfarben. Violett, Blau, Grün und Pfirsich sind zwar da, aber nur Taupe und Hellbraun gehören zu einer gemeinsamen Farbgruppe. Außerdem wurde die schwarze

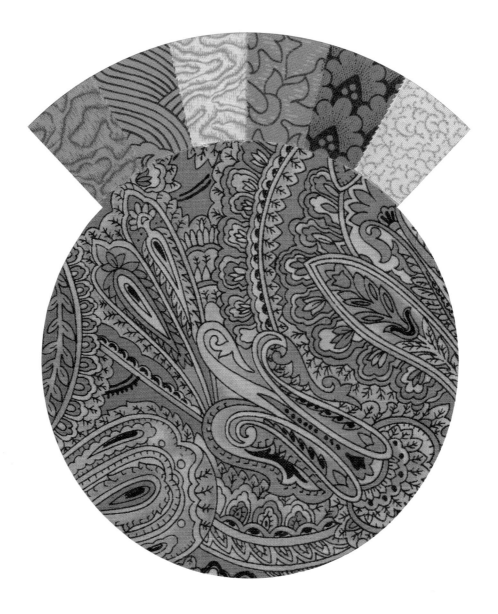

Abbildung 56 *Paisley-Stoff mit farbgleichen Palettenstoffen*

Umrißlinie nicht als Farbe erkannt, und folglich fehlt Schwarz.

Sehen Sie nun in Abbildung 57, wie alle Farben abgestuft wurden. Die zusätzlichen Farben, die von einer Farbe zur nächsten überleiten, eröffnen eine weitere Dimension, wodurch die blasse Farbzusammenstellung an Leben gewinnt.

Deshalb rate ich jedem, der ein Farbschema auf einem bestimmten mehrfarbigen Stoffdruck aufbauen möchte, für alle Farben des Musters Stoffe mit passenden Farben zusammenzustellen und – damit nicht genug – weitere Farbtöne zum Abstufen dazu zu nehmen. Das Ergebnis wird immer eine wunderschöne Farbkombination für einen Quilt aus vielen Farben und Stoffen sein.

Abbildung 57 *Paisley-Stoff mit einer erweiterten Palette, die eine Abstufung passender Farbtöne aufweist*

Von der erweiterten Palette zu den wenigen Auserwählten

Wie bei allen Paletten mit Abstufungen hat man aber am Ende mindestens fünfzehn bis fünfundzwanzig verschiedene Farben in einer Zusammenstellung.

Vielen Patchworkerinnen ist das viel zu viel, oft möchten sie nicht mehr als sechs bis zehn Stoffe für einen Quilt verwenden. Hier muß man mit einer eingeschränkten Palette arbeiten. Genau wie im 4. Kapitel eine Palette verkleinert wurde, kann man nun schrittweise

eine kleinere, eingeschränkte Palette um einen bestimmten Musterstoff herum erarbeiten. Der erste und zweite Schritt wird Ihnen vertraut vorkommen, der dritte Schritt dagegen mag überraschen – er führt aber zu einer erfolgreichen eingeschränkten Palette.

Schritt 1 *Passende Farben auswählen*

Als erstes werden Stoffe in den Farben des thematischen Musterstoffes zusammengesucht, und damit wird die erste Palette wie beschrieben zusammengestellt.

Abbildung 58 *Die dem Musterstoff angepaßten Farben sind aus der Palette entfernt*

Schritt 2 *Farben abstufen*

Als zweites werden die ausgesuchten Farben mit zusätzlichen Stoffen abgestuft; auf diese Weise entsteht die erweiterte Palette.

Schritt 3 *Farbgleiche Stoffe weglassen*

Um die Farbauswahl zu verkleinern, werden dann im nächsten Schritt die Stoffe wieder herausgenommen, die dieselben Farben wie der Musterstoff haben (die Farb-

Abbildung 59A *Zwei eingeschränkte Paletten, mit dem Paisley-Stoff koordiniert.*
Die Verbindungsfarbe Orangerot ist in der unteren Palette ausgelassen.

Abbildung 59B *Zwei eingeschränkte Paletten, zu dem Paisley-Stoff koordiniert.*
In der unteren Palette ist die Übergangsfarbe Blaurot ausgelassen

proben in Abbildung 56). Sie wissen inzwischen, wieviel schöner eine Farbzusammenstellung ist, wenn verschiedene Schattierungen einer Farbe dabei sind. Weshalb also eine Schattierung noch einmal nehmen, wenn sie schon im Musterstoff vorkommt? Beim Arbeiten mit einer kleinen Anzahl von Farben sollte man sich nicht noch mehr einengen, indem man nur die im Musterstoff vorkommenden Farben verwendet. Nutzen Sie den

Musterstoff, lassen Sie seine Farben für sich allein sprechen, und nehmen Sie nur Farben dazu, die anders sind als die im Musterstoff, ein bißchen intensiver oder gedämpfter, auffallender oder zurückhaltender usw. Wenn nur so wenig Farben verwendet werden sollen, haben Sie hier noch einmal die Möglichkeit, den Quilt farbiger zu gestalten – je mehr Farben, desto besser! Die Abbildung 58 zeigt den ersten Schritt dieses Vorgehens, das

Abbildung 60 *Dschungel-Stoffmuster mit genau angepaßten Farben*

Herausnehmen der farbgleichen Stoffe. Vergleichen Sie diese Abbildung mit der vorhergehenden. Sie werden sehen, daß die Farbwirkung unverändert ist: Alle Farben sind noch vorhanden – die Sie herausgenommen haben, erscheinen ja noch im Musterstoff!

Schritt 4 *Mit verschiedenen Zusammenstellungen arbeiten*

Sind erst einmal die farbgleichen Stoffe entfernt, können Sie die übrigen Farben in verschiedenen Kombinationen zusammenstellen, bis Sie ganz zufrieden sind. Vergessen Sie das Tiefdunkle und den Akzent nicht! Es gibt keine „richtigen" oder „falschen" Zusammenstellungen. Viel

hängt davon ab, welche Farbe betont wird, wie hell oder dunkel Sie die Palette gestalten. Schließlich können auch strukturelle Unterschiede in den Druckmustern Ihre Stoffauswahl beeinflussen. Abbildung 59A und 59B zeigen zwei mögliche Kombinationen; beide bestehen aus Schattierungen der ursprünglichen Farben im Musterstoff. Es ist interessant, daß die wirklich entscheidenden Farbtöne der ersten Palette (Abbildung 57) die Übergangs- oder Verbindungsfarben zwischen Violett und Pfirsich sind, nämlich Blaurot und Orangerot. Diese rötlichen Farbtöne sind die einzigen, die nicht im Musterstoff vorkommen.

Die Palette in Abbildung 59A enthält das Orangerot und in Abbildung 59B das Blaurot. Ohne die Übergangsfarbe

Abbildung 61 *Erweiterte Palette, durch Abstufung entstanden*

Abbildung 62 *„Jungle Stars“, Quilt von Jay Romano*

Abbildung 63 *Eingeschränkte Palette, aus der erweiterten Palette von Abbildung 61 entstanden*

sehen beide Zusammenstellungen matter aus. In beiden Abbildungen ist die Übergangsfarbe in den oberen Stoffproben enthalten und aus den unteren herausgenommen. Bedeckt man mit der Hand abwechselnd die obere und dann die untere Palette, sieht man ganz deutlich, was für einen Unterschied die Übergangsfarbe macht.

Der bunte Dschungel-Stoff in den Abbildungen 60 und 61 ist viel dunkler und kräftiger gefärbt als der Paisley-Stoff in den vorhergehenden Abbildungen, aber auch hier gilt dasselbe Prinzip. Die Farbproben in der ersten Abbildung sind wieder genau dem Musterstoff angepaßt (Abbildung 60); sie sehen ein bißchen matt aus, obwohl doch die Farben im Stoff recht kräftig sind. Der Hauptgrund dafür ist, daß der Akzent fehlt (ein intensiverer Farbton als die normale Farbbreite). Jay Romano wählte diesen Stoff für ihren Quilt „Jungle Stars" (Abbildung 62). Für ihre erweiterte Palette (Abbildung 61) nahm sie

genau die Farben des Musterstoffs (Abbildung 60) und stufte sie zueinander ab bis hin zu ganz hellen Tönen für den Hintergrund. Achten Sie darauf, wieviel kräftiger die Akzentfarbe sein muß als die ursprünglichen Farbtöne im Musterstoff. Aber wie ich schon im ersten Kapitel sagte: Alles ist relativ – zu den anderen verwendeten Farben.

Um die Auswahl von Farben zu verkleinern, die mit einem großgemusterten Stoff wie dem Dschungel-Stoff koordiniert werden sollen, folgt man im Prinzip denselben Schritten wie bei dem vorhergehenden kleingemusterten Paisley-Stoff: Nehmen Sie die Stoffe heraus, die mit dem mehrfarbigen „thematischen" Stoffmuster farbgleich sind und fügen Sie aus der erweiterten Palette andere hinzu. Wie eine eingeschränkte Palette für den Dschungel-Stoff aussehen kann, sehen Sie in der Abbildung 63.

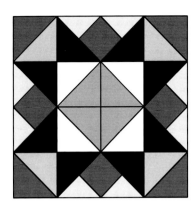

Abbildung 64 *„Midnight Star"*
Bordürenstoff als thematisches Muster und Blockentwurf

Abbildung 65 *Bordürenstoff mit farbgleichen Stoffproben*

Abbildung 66 *Ein „Midnight Star"-Quilt mit blauem und rosafarbenem Bordürenstoff und farbgleichen Stoffen kombiniert. Alle Quilts dieser Serie wurden von Jinny Beyer entworfen und von Darlene Christopherson ausgeführt*

Quilts aus thematischen Stoffen

Wir sahen, wie drei verschiedene Paletten zum Koordinieren von Stoffen zusammengestellt wurden. Nun wollen wir zwei Quiltserien von Anfang bis Ende verfolgen, um zu sehen, wie sich die Ergebnisse unterscheiden.

Die Midnight Star-Serie

Angenommen Sie möchten einen Quilt nach dem „Midnight Star"-Muster der Abbildung 64 nähen, und Sie wollen die Stoffe mit dem daneben abgebildeten (thematischen) Bordürenstoff koordinieren.

Viele Leute würden beim ersten Ansehen des Musters und des Quiltentwurfs denken, man könne bis zu sechs verschiedene Stoffe verwenden. Die Farbwirkung vom Bordürenstoff ist schön, deshalb kann eigentlich nichts schief gehen, wenn man genau die Farben auch für den Quilt nimmt. Sie würden also genau dieselben Farbtöne wie im Bordürenstoff suchen, Grün, Rosa und Beige und zwei Schattierungen in Blau. Diese genau angepaßte Zusammenstellung ist in Abbildung 65 zu sehen. Den fertigen Quilt (Abbildung 66) finden fast alle jedoch enttäuschend, denn die Farbtiefe, die im Bordürenstoff selbst vorhanden ist, scheint im Quilt zu fehlen. Wieder liegt es daran, daß die dunklen Umrißlinien im Bordürenstoff nicht als Farbe wahrgenommen

Abbildung 67 *Dieser Paisley-Stoff ist ein Begleitstoff zu dem blauen Bordürenstoff. Sehen Sie, wie er gleich flacher wirkt, wenn die schwarzen Linien fehlen*

Abbildung 68   *Diese Palette entstand durch Abstufen der farbgleichen Stoffe*

werden, und genau das bringt uns wiederum zu der dunklen Umrißlinie, die es in vielen mehrfarbigen Druckmustern gibt.

Anscheinend ist es besonders schwierig, die Bedeutung der dunklen Linie in Stoffen dieser Art zu erkennen, denn das Schwarz wird einfach nicht als Farbe registriert. Der Bordürenstoff ist als Begleitstoff zum Paisley-Stoff in Abbildung 67 erhältlich. Betrachten Sie das Paisley-Muster, das mit und ohne schwarze Umrißlinien dargestellt ist. Wenn die schwarzen Linien beim Bordürenstoff fehlten, würde er genau so flach wie der Paisley-Stoff ohne Umrißlinien aussehen. Jetzt sieht man auch, daß der Paisley-Stoff ohne Umrißlinien sehr der Zusammenstellung aus den farbgleichen Stoffen für den Quilt ähnelt.

Sucht man die Stoffe für einen Quilt farbgleich mit seinem Lieblingsstoff als Vorbild aus, ist das durchaus ein ausgezeichneter Anfang – mehr aber nicht. Als nächster Schritt sollen die ausgesuchten Farben auf irgendeine Art zueinander abgestuft werden. Vergleichen Sie dazu die Abbildungen 65 und 68: Durch das Abstufen wirken die Farben deutlich lebendiger.

Natürlich könnte man jetzt wieder sagen, daß die abgestuften Farben wunderbar aussehen, aber für das „Midnight Star"-Muster maximal nur sechs verschiedene Stoffe eingesetzt werden dürfen. Irrtum! Wie schon im 4. Kapitel crklärt, können für so einen Entwurf viele Stoffe benutzt werden, solange ein innerer Zusammenhang gewahrt bleibt. Die Sternspitzen zum Beispiel könnten immer in einem dunklen Blau oder Blaugrün sein, und

Abbildung 69 *Dieser „Midnight Star"-Quilt ist auf der Basis der erweiterten Palette entstanden*

Abbildung 70 *Eingeschränkte Palette, aus der erweiterten Palette entstanden*

man könnte viele verschiedene Blau- und Blaugrün-Töne nehmen. Das mittlere Quadrat könnte immer aus dem Bordürenstoff sein, und man könnte mit viel Vergnügen die verschiedensten Quadrat-Variationen aus dem Bordürenstoff herstellen. Die Dreiecke außerhalb vom Mittelquadrat könnten immer grün sein, hier in kräftigeren und dort in gedämpfteren Tönen. Die Quadrate zwischen den Sternzacken könnten alle rosa sein, aber in vielen verschiedenen Schattierungen, von intensiv bis zart. Der Hintergrund könnte immer hell sein, nur nicht immer im gleichen Tonwert. Die Eck-Dreiecke könnten mittelblau sein, auch wieder in verschiedensten Schattierungen und Druckmustern.

Vergleichen Sie nun den Quilt in Abbildung 69, dem die erweiterte Palette mit allen Farben zugrunde liegt, mit dem Quilt in Abbildung 66, der nur aus farbgleichen Stoffen besteht.

Was ist aber, wenn Sie den „Scrap look" (geflicktes Aussehen) nicht besonders mögen? Wenn Sie doch lieber Ihren Quilt mit sämtlichen Blöcken aus den gleichen Stoffen nähen wollen? Wie kann so ein Quilt aus wenigen Stoffen trotzdem noch lebendig wirken? Auf ganz ähnliche Art und Weise wie schon früher in diesem Kapitel beschrieben. Man sucht zuerst farbgleiche Stoffe zum thematischen Muster, stuft sie zueinander ab und verkleinert zum Schluß die Auswahl. Dazu nehmen Sie

Abbildung 71 *Dieser Midnight Star-Quilt ist aus einer eingeschränkten Palette entstanden*

zuerst alle farbgleichen Stoffe heraus, aus den übrigen Stoffen suchen Sie einen hellen Hintergrundstoff, den schönsten Akzent und den besten Farbton für das Tiefdunkle aus; die restlichen Farben werden zu einem ausgeglichenen Ganzen zusammengestellt. In Abbildung 70 sieht man die sechs Farben, die schließlich für den Quilt ausgesucht wurden, und in Abbildung 71, wie sie im fertigen „Midnight Star"-Quilt wirken.

Sehen Sie sich noch einmal die Quilts in den Abbildungen 66, 69 und 71 an. Welchen mögen Sie am liebsten? Es ist bestimmt nicht „verkehrt", wenn Ihnen der erste Quilt aus den farbgleichen Stoffen am besten gefällt. Manche mögen die ruhige Ordnung, die von farbgleich koordinierten Stoffen ausgeht. Andere dagegen fühlen sich zu Scrap-Quilts hingezogen und finden deshalb den zweiten Quilt mit erweiterter Palette am besten. Wieder andere finden vielleicht den dritten Quilt mit eingeschränkter Palette am schönsten.

Die Rolling Star-Serie

Kommen wir zu einem weiteren Beispiel für Quilts aus unterschiedlichen Paletten. Die folgenden drei Quilts sind nach demselben Prinzip hergestellt, aber mit einem anderen Bordürenstoff und dem Blockmuster „Rolling Star". Stoffe in den Farben des Bordürenstoffs sind in Abbildung 72 dargestellt, und der daraus entstandene Quilt in Abbildung 73.

Die Farben sehen ein bißchen matt und glanzlos aus – ohne Leben. Beim Anpassen der Farben an den

Abbildung 72 *Bordürenstoff mit Stoffen in den gleichen Farben*

Abbildung 73 *„Rolling Star"-Quilt aus der Palette der farbgleichen Stoffe von Abbildung 72.*
Alle Quilts dieser Serie wurden von Jinny Beyer entworfen und von Barb Celio genäht

Bordürenstoff wurde nämlich wieder einmal die schwarze Umrißlinie nicht als Farbe wahrgenommen. Als dieser Stoff hergestellt wurde, war ich zufällig selbst in der Stoffdruckerei und hatte gebeten, für mich ein Stück dieses Musters zu drucken und dabei die letzte Farbwalze auszulassen, die Walze mit der schwarzen Farbe für die Umrißlinien. Als man mir die Stoffprobe brachte, konnte ich nicht glauben, daß dies dasselbe Muster sein sollte.

Die Stoffdrucke mit und ohne schwarze Umrißlinien sind in Abbildung 74 zu sehen. Es ist wirklich kaum zu fassen, daß hier nur die schwarze Umrißlinie fehlt –

Abbildung 74 *Bordürenstoff, der in den „Rolling Stars“-Quilts verwendet wurde, mit und ohne schwarze Umrißlinien gedruckt*

Abbildung 75 *Palette aus farbgleichen Stoffen des Bordürenstoffs, die zueinander abgestuft wurden*

Abbildung 76 *„Rolling Star"-Quilt, aus der erweiterten Palette von Abbildung 75 entstanden*

aber so ist es! Sehen Sie jetzt, daß der Quilt aus den farbgleichen Stoffen wie das Stoffstück aussieht, das ohne Umrißlinien gedruckt wurde? Das passiert, wenn das Tiefdunkle fehlt.

Eine weitaus interessantere Palette kann entstehen, wenn die farbgleichen Stoffe zueinander abgestuft werden. Dafür gibt es viele verschiedene Möglichkeiten. Ich entschied mich für die in Abbildung 75 gezeigten

Abbildung 77 *Verkleinerte Palette, deren Farben von der Palette in Abbildung 75 ausgesucht wurden*

Abbildung 78 *Dieser „Rolling Star"-Quilt ist aus der eingeschränkten Palette in Abbildung 77 entstanden*

Farben, das Olivgrün erschien mir recht ungewöhnlich. Den Quilt aus all den Farben dieser Palette sehen Sie in Abbildung 76. Der dritte Quilt (siehe Abbildung 78) besteht auch nur aus wenigen Farben, die aber von der abgestuften Palette kommen. Erst wurden die farbgleichen Stoffe herausgenommen, dann die Stoffe nach den restlichen Farben ausgesucht. Für die verkleinerte Palette suchte ich erst den Akzent (das kräftige Rot) und das Tiefdunkle (Dunkelblau) aus, um dann mit den anderen Farben ein ausgewogenes Ganzes zu bilden. Entwerfen Sie auf diese Art eine Palette, merken Sie, daß es einfacher ist, Farben von der Palette auszusuchen, als sich beim Betrachten des Stoffes andere passende Farben auszudenken.

Abbildung 79 *„Hound's Tooth Square" von Judy Spahn*

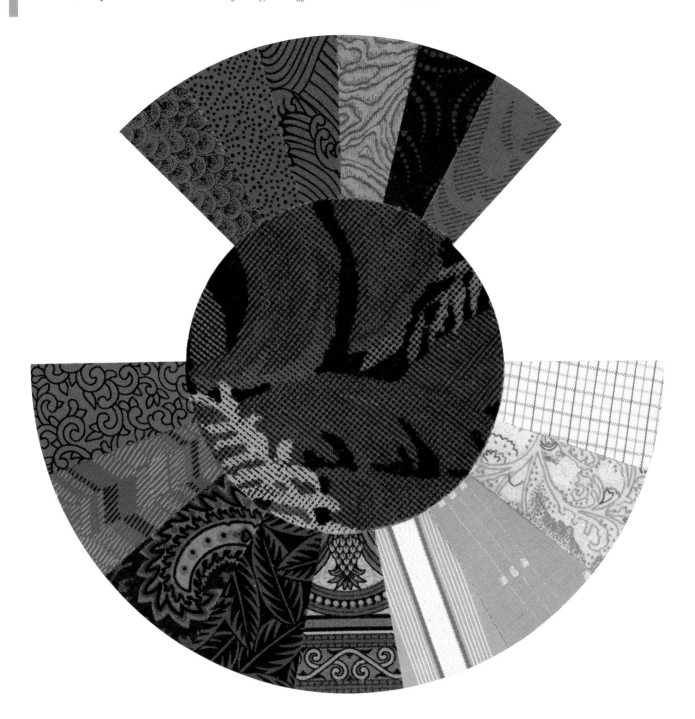

Abbildung 80 *Das Druckmuster, mit dem als Basis Judy Spahn die Farben und Stoffe für ihren Quilt „Hound's Tooth Square" aussuchte. Die Farben im oberen Teil entsprechen denen im thematischen Stoff, im unteren Teil sind die Stoffe, aus denen Judy ihren Quilt genäht hat*

Hound's Tooth Square-Quilt

Im letzten Beispiel in Abbildung 79 wollte Judy Spahn nur wenige Stoffe verwenden. Sie hat es aber verstanden, die Farbwirkung dadurch zu verstärken, daß sie verschiedene vielfarbige Stoffdrucke aussuchte, die mehrere Farben ihrer Wahl enthielten. Sie fing mit dem großgemusterten Dschungel-Stoff an und suchte Stoffe dazu, die genau die gleichen Farben hatten. Diese Auswahl ist im oberen Teil von Abbildung 80 zu sehen. Dann stufte sie die Farben zueinander ab, bis die erweiterte Palette in Abbildung 81 fertig war.

Judy wollte in ihrem Quilt weniger Stoffe verwenden als in der erweiterten Palette, aber so viele Farben wie

Abbildung 81 *Erweiterte Palette aus abgestuften Stoffen, die mit dem thematischen Stoff farbgleich sind*

möglich. Sie brauchte keine Stoffe in den Farben des thematischen Stoffs, denn die Farben sind sehr auffallend. Es gelang ihr, zwei weitere vielfarbige Stoffdrucke zu finden, die mehrere der anderen Farben enthalten – das kräftige Olivgrün, Gold, Schattierungen von Violett und so weiter. Als Akzent nahm sie das intensive Korallenrot sowie Zartlila und Taupe für den Hinter-

grund. Betrachten Sie Abbildung 80: Die Stoffe im unteren Halbkreis hat Judy für ihren Quilt ausgesucht. Die prächtige Farbwirkung wird noch durch die unterschiedlichen optischen Strukturen der Stoffe unterstützt. Wenn man nun den fertigen Quilt betrachtet, sieht man, wie sehr diese Strukturen den Gesamteindruck beeinflussen. Verdecken Sie mit der Hand Judys Stoffauswahl im unteren Halbkreis und sehen Sie sich nur die farbgleichen Stoffe im oberen Teil an und ihre Beziehung zum thematischen Stoff. Dann legen Sie die Hand über den oberen Halbkreis und betrachten den thematischen Stoff und Judys Stoffauswahl im unteren Teil.

Vergleichen Sie diese mit der erweiterten Palette in Abbildung 81. Die Farbwirkung von Judys Palette ist ungebrochen, weil so viele Farben der erweiterten Palette in den ausgewählten Stoffen wieder vorkommen.

Übung 8   *Stoffe zu thematischen Mustern koordinieren*

Jetzt sollten Sie diese Regeln selbst in die Praxis umsetzen.

Schritt 1   *Den thematischen Stoff auswählen*

Suchen Sie aus Ihrer Stoffsammlung einen großgemusterten, mehrfarbigen Stoffdruck aus. Wenn Sie keinen haben, nehmen Sie ein Tapetenmuster, einen Vorhangsstoff oder einen Dekorationsstoff. Sie können sonst auch einen der sechs vielfarbigen Stoffdrucke von Abbildung 54 in diesem Kapitel nehmen.

Schritt 2   *Passende Farben auswählen*

Finden Sie genau farbgleiche Probestückchen unter Ihren Papier- oder Stoffproben. Auch wenn Sie diese Palette am liebsten mögen, sollten Sie doch den 3. Schritt zum Üben mitmachen.

Schritt 3   *Die Farben abstufen*

Stellen Sie nun eine erweiterte Palette her. Nehmen Sie alle Farben dazu, die nötig sind, um die farbgleichen Stoffe abzustufen. Achten Sie auf wirklich gleitende Übergänge von einer Farbe zur nächsten.

Schritt 4   *Die Anzahl von Farben verringern*

Auch wenn Sie die erweiterte Palette am besten finden, sollten Sie doch zur Übung eine beschränkte Palette von sechs bis acht Farben aus der erweiterten Palette zusammenstellen. Entfernen Sie zuerst die farbgleichen Stoffe, und versuchen Sie dann, mit den übriggebliebenen ein ausgeglichenes Farbspiel zu gestalten. Vergessen Sie nicht den Akzent und das Tiefdunkle!

Schritt 5   *Stoffe für die Palette finden*

Sehen Sie Ihre Stoffsammlung durch nach Stoffen, die den Probestückchen auf Ihrer Palette entsprechen. Achten Sie auf Ausgewogenheit in Struktur und Farbe.

Wiederholen Sie diese Übungsaufgabe mit mindestens vier weiteren großgemusterten, mehrfarbigen Stoffdrucken.

Kapitel 6

Palettenübungen mit Quilts

In diesem Kapitel erhalten Sie klare Richtlinien, wie Sie Ihre Palette beim Herstellen von Quilts am besten ausnutzen können. Inzwischen trauen Sie sich wahrscheinlich zu, Farben zusammenstellen zu können, aber es ist doch noch etwas anderes, diese Farben nun auch sinnvoll in einem Entwurf einzusetzen. Wenn ich ein neues Quiltprojekt beginne, folge ich den unten aufgeführten Schritten. Diese Richtlinien können Ihnen auch dabei helfen, Ihren nächsten Quilt zu beginnen.

Einen Quilt entwerfen und herstellen

Schritt 1 *Ein Quiltmuster wählen*

Oft weiß ich schon vorher, welches Quiltmuster ich nähen möchte. Sonst entwerfe ich ein neues, oder ich blättere in vielen Büchern, um ein Muster zu suchen, das mich inspiriert. In diesem Kapitel finden Sie Schablonen für mehrere Quiltmuster und ihre Variationen. Ich habe mich für diese Muster entschieden, weil sie gute Übungsstücke für das Arbeiten mit der Palette sind. Falls Sie noch kein eigenes Muster gefunden haben, können Sie einfach einen dieser Entwürfe nehmen und sofort anfangen!

Schritt 2 *Die Grundeinheit bestimmen*

In jedem Quiltmuster suche ich nach einer Einheit, die beim Entwerfen und beim Nähen wiederholt werden kann. Bei Quilts aus wiederholten Blöcken wie den „Rolling Star"-Quilts der Abbildungen 73, 76 und 78 besteht die Einheit aus einem einzelnen Block.

Bei Quilts mit endlosem Muster wie den „Tumbling Blocks" in Abbildung 88 kann eine Einheit aus mehreren Rhomben bestehen, die zusammen einen größeren Rhombus bilden, oder aus einem Sechseck (siehe Abbildung 86). Manche Patchworker planen ihren Entwurf im voraus mit Buntstiften, andere pinnen Stoffe an eine Wand; ihr Entwurf ist bis ins Detail festgelegt, bevor sie mit dem Nähen anfangen. So kann ich nicht arbeiten, denn ich kann mir vorher schlecht vorstellen, in welchen Proportionen und an welcher Stelle ich bestimmte Farben haben möchte.

Deshalb lege ich, sobald die ersten paar Einheiten genäht sind, die Blöcke auf den Fußboden oder hänge sie an die Wand und betrachte sie eingehend. Manchmal sehe ich dann, daß bestimmte Blöcke nebeneinander gelegt insgesamt zu dunkel, zu stark oder nicht klar genug wirken. Vielleicht sehen die Druckmuster auch alle zu ähnlich aus, oder ich wollte einen blaugrünen Quilt mit der Betonung auf Blau, und nun ist doch zuviel Grün dabei.

Wenn Sie mit einzelnen Einheiten arbeiten, bis der ganze Entwurf steht, können Sie Änderungen beim Zusammennähen einarbeiten. Falls die erste Einheit zu dunkel geworden ist, muß sie nicht aufgetrennt oder weggelegt werden – die nächste Einheit wird dann einfach ohne die ganz dunklen Farben zusammengestellt. Beim nächsten Auslegen der Blöcke kann man zwischen die dunklen ein paar hellere Blöcke legen und damit den dunklen Eindruck zerstreuen. Wenn die ersten Einheiten zu matt wirken, kommen in die nächsten kräftigere Akzentfarben hinein. Sind die Druckmuster insgesamt zu einheitlich, sollten Sie bei neuen Blöcken auf größere Strukturvielfalt achten. Beim Arbeiten mit den Einheiten entwickelt man ein Gefühl dafür, wie die verschiedenen Elemente, die in diesem Buch besprochen werden, einander ausgleichen können und wie man die Farbpalette am besten benutzt. Wenn man grundsätzlich alle Farben zueinander abstuft, ergeben sich das Tiefdunkle und der Akzent fast von selbst.

Schritt 3 *Entwurf in Schwarzweiß*

Meine Quilts entstehen alle zuerst in Schwarzweiß, und ich kann Ihnen nur zu dieser Methode raten. Suchen Sie ein Muster und eine Einheit darin, mit der es sich gut arbeiten läßt. Machen Sie mehrere Zeichnungen von dieser Einheit (oder Sie machen nur eine und fotokopieren sie mehrmals), und füllen Sie dann das Muster mit Bleistift in verschiedenen Grautönen aus, in so vielen Variationen wie möglich. Wichtig ist dabei die Anordnung der hellen, mittleren und dunklen Töne. Abbildung 82 zeigt drei mögliche Variationen des „Rolling Star"-Blocks.

Sobald mehrere Schwarzweiß-Variationen fertig sind, kopieren Sie die Seite mehrmals, schneiden die Einheiten aus und kleben alle Einheiten einer Sorte nebeneinander auf. Sie werden staunen, wie unterschiedlich die Entwürfe aussehen, nur durch veränderte Anordnungen der hellen, mittleren und dunklen Felder. Die „Rolling Star"-Blöcke von Abbildung 82 wurden vervielfältigt und nebeneinander gelegt, siehe Abbildung 83.

Hat man auf diese Weise eine schwarzweiße Version vom Entwurf erarbeitet, kann man einfach den hellen, mittleren und dunklen Stoffen einen Platz im Muster zuordnen und später seine Stoffe in dunkle, mittlere und helle Haufen sortieren. Dunkel, mittel und hell sind dabei relative Angaben und von den umliegenden Stoffen abhängig. In dem Quilt „Tumbling Blocks" der Abbildung 88 muß der helle Ton oben im Block nur heller als der dunkle und der mittlere Ton der benachbarten Rhomben sein, um dem Betrachter hell zu erscheinen.

Schritt 4 *Die Quiltgröße planen*

Sie haben wahrscheinlich schon eine genaue Vorstellung davon, wie groß Ihr Quilt werden und ob es einen Rand geben soll oder nicht. Bei einem Bett-Quilt plant man 25–30 cm für die Breite des Randes ein. Ich selbst weiß vorher nie, wie breit der Rand werden soll, weil

  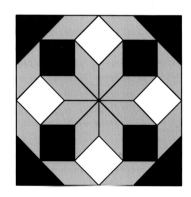

Abbildung 82
„Rolling Star"-Muster mit drei Versionen einer Hell-Dunkel-Verteilung

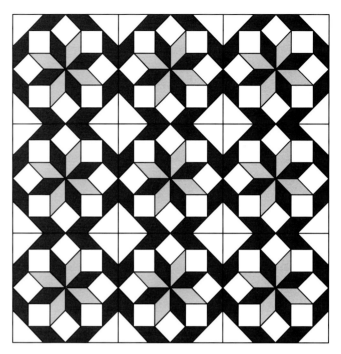

Abbildung 83
*Die drei Versionen einer Hell-Dunkel-Verteilung des
„Rolling Star"-Blockmusters aus Abbildung 82,
vervielfältigt und zusammengelegt*

ich erst den Quilt so weit haben muß, bis ich mir den Rand dazu vorstellen und planen kann. Es kommt aber ungefähr hin, für den Rand 20 cm der Gesamtbreite und 65 cm der Gesamtlänge einzuplanen. Dann muß man sich für die Anzahl der Blöcke im Hauptteil entscheiden. Ich nehme gern eine ungerade Zahl von Blöcken. Ein Block kann dann im Mittelpunkt auf dem Bett liegen, das macht sich immer gut. Beim Nacharbeiten eines vorgegebenen Quiltentwurfs können Sie die Quiltgröße nur begrenzt verändern, weil nur der Block oder die Einheit vergrößert oder verkleinert werden können. Als Alternative kann man einen eigenen Entwurf so planen, daß eine bestimmte Anzahl von Einheiten die gewünschte Quiltgröße ergibt.

Schritt 5 *Muster und Schablonen entwerfen (wahlweise)*

Als nächstes zeichnet man den Blockentwurf in der gewünschten Größe und macht davon Schablonen. Wenn Sie einen der Entwürfe hier im Buch benutzen, brauchen Sie das Muster nicht zu zeichnen, es sei denn, Sie wollen die Maße verändern. Die Größenangaben in diesem Kapitel sind alle ohne Nahtzugabe, deshalb denken Sie bitte daran, 6 mm Nahtzugabe auf allen Seiten dazuzugeben.

Nach dem Zusammenlegen der schwarzweißen Einheiten nehme ich oft noch Änderungen am Muster vor. Bei den „Rolling Star"-Abbildungen bilden die Dreiecke in den Blockecken zusammengefügt ein Quadrat. Man kann die Dreiecke stehen lassen und an solchen Stellen mit verschiedenen Stoffen experimentieren. Man kann aber auch den Entwurf vereinfachen und nicht vier Dreiecke, sondern gleich ein Quadrat für die Ecken nehmen. Das beeinflußt natürlich das Entwurfsmuster, und die Schablonen müssen entsprechend geändert werden.

Schritt 6 *Eine Farbpalette gestalten*

Meist komme ich an dieser Stelle im Verlauf des Entwerfens dazu, eine Palette von Farben für den Quilt zusammenzustellen. Es kann sein, daß ich schon bestimmte Farben im Sinn hatte, oder daß ich mit einem bestimmten Stoff arbeiten wollte, aber jetzt ist die Zeit gekommen, Ideen in die Tat umzusetzen. Als es mein Farbsystem noch nicht gab, stellte ich vor dem Nähen keine Farbpalette zusammen. Nachdem ich mit der Ausführung angefangen hatte, mußte ich immer wieder Nähte auftrennen und Stoffe auswechseln, weil sie mir

nicht richtig gefielen. Seit ich aber mit diesem System arbeite und die Palette vor dem Nähen gestalte, fühle ich mich wohl mit meiner Farbwahl und gehe ganz zuversichtlich ans Nähen.

Für jeden Quilt erstelle ich eine eigene Palette und klebe sie auf ein Stück Pappe auf, damit habe ich eine sehr praktische Farbanleitung bei der Stoffauswahl und beim Nähen.

Schritt 7 *Die Stoffe zusammenstellen*

Inzwischen wissen Sie, daß ich gern viele Stoffe in meine Quilts einbaue und Quiltentwürfe bevorzuge, die viele unterschiedliche Druckmuster und Schattierungen von Farben erlauben. Deshalb können Sie sich vorstellen, was ich davon halte, Stofftabellen für meine Quiltmuster in diesem Buch mitzuliefern. Wie kann ich Ihnen vorschreiben, wieviel Stoff Sie für einen Quilt kaufen sollen, wenn ich selbst nicht weiß, wieviel ich brauchen würde? Auch wenn alle Spitzen eines Sternmusters immer blau sein sollen, würde ich doch nicht immer dasselbe Blau nehmen, sondern mehrere Blautöne mit unterschiedlicher Struktur und in helleren oder dunkleren Schattierungen.

Sobald Sie die grundlegende Palette für Ihren Quilt zusammen haben, suchen Sie Stoffe aus Ihrer Stoffsammlung, die in dieses Farbschema passen. Falls Sie schon länger Stoffe in der ganzen Bandbreite des Farbspektrums sammeln, kann es gut sein, daß Sie einen Großteil der benötigten Farben haben. Sonst muß man mit der Palette in den Stoffladen gehen und passende Stoffe suchen. Wenn man viele verschiedene Stoffe verwenden will, muß man vom einzelnen nicht viel kaufen, ein viertel oder ein halber Meter sollten reichen. Für den inneren Zusammenhang kann man einen bestimmter Stoff immer an der gleichen Stelle über den ganzen Quilt verteilt benutzen. In diesem Fall macht man sich eine Schablone und mißt, wie oft diese Form auf einen viertel Meter Stoff paßt; diese Zahl ergibt, multipliziert mit der Anzahl von geplanten Einheiten, die Stoffmenge, die gekauft werden muß.

Ein Quiltentwurf aus vielerlei Stoffen hat einen Vorteil: Wenn man von einem Stoff nicht genug hat, kann man einfach einen ähnlichen Stoff in derselben Farbe als Ersatz nehmen. Bei dieser Art von Quiltentwurf muß man eigentlich nur von einem Stoff wirklich genug haben, und zwar vom Stoff für die langen Randstücke. Für mich ist das kein Problem, denn ich plane den Rand immer erst, wenn der Hauptteil des Quilts fertig ist. Bevor nicht alle Blöcke zusammengenäht sind, kann ich nicht entscheiden, was für ein Rand am besten wäre. Deshalb kaufe ich die Stoffe für den Rand erst später.

Schritt 8 *Die Farben in den Quilt einordnen*

Wenn man alle Stoffe beieinander hat, kann es losgehen. Jetzt muß bestimmt werden, wie die Farben im Quilt verteilt werden. Im Prinzip kann man entweder die Farben und Stoffe schattieren, das heißt, Einheiten nach Farb- oder Helligkeitsabstufung bilden, oder man kann die Farben der Palette über den ganzen Quilt ver-

streuen. In diesem Buch sind beide Arten der Farbverteilung in den abgebildeten Quilts zu sehen. So sind beispielsweise „Borealis" (Seite 67) und „Vasarely II", „Autumn Pond", „Building Blocks" und „Rolling Star" (Abbildungen in diesem Kapitel) alle so eingerichtet, daß jede Einheit von Dunkel nach Hell, in die eine oder andere Richtung, abgestuft ist. Bei „Rolling Star", „Midnight Star", „Mariner's Compass" und „Tumbling Blocks" (Abbildungen 76, 69, 49, 88) sind die Farben mehr zufällig über den ganzen Quilt verteilt. Die Musterentwürfe in diesem Kapitel sollen Ihnen die Möglichkeit geben, beide Arten der Farbverteilung auszuprobieren.

Quiltmuster und ihre Variationen

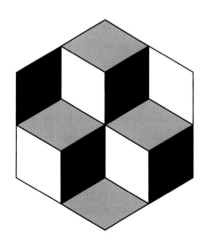

60°-Rhombus-Muster

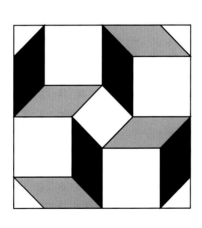

„Building Blocks"-Muster

„Rolling Star"-Muster

Auf den nun folgenden Seiten gebe ich Ihnen drei Grundmuster für Quilts (siehe oben) und Variationen davon, insgesamt elf Entwürfe. Der erste basiert auf dem 60°-Rhombus mit vier Variationen. Das zweite Muster, „Building Blocks", beruht auf einem quadratischen Block, der für einen Quiltentwurf entweder mehrmals

wiederholt werden kann oder, für ein ganz anderes Erscheinungsbild, „fragmentiert", das heißt, in Teilstücke zerlegt werden kann. Vier Variationen der „Building Blocks" sind abgebildet. Das „Rolling Star"-Muster gibt es in drei Variationen, eine davon ist durch Fragmentierung der Grundeinheit entstanden.

Muster auf der Basis des 60°-Rhombus
Vier Variationen

Zweifellos ist der 60°-Rhombus meine Lieblingsform für Patchwork; er ist vor allem für Anfänger nicht zu anspruchsvoll. Wenn sich jemand für Patchwork interessiert und mich fragt, wie er beginnen soll, empfehle ich meist, gleich mit einem Quilt anzufangen (warum Zeit auf kleine Projekte verschwenden, wenn doch das Endziel ein Quilt ist). Wenn ich dann ein Bild von einem „Tumbling Blocks"-Quilt als Beispiel zeige, sind die meisten mit diesem Muster einverstanden, und es kann gleich losgehen. Der 60°-Rhombus ist das Muster meiner Wahl aus folgenden Gründen: Man muß nicht schon am Anfang alles festlegen, es ist einfach zu nähen, man braucht im Prinzip nur eine Schablone, und man kann in Einheiten arbeiten und dabei ein Gefühl für Farben, Struktur und Kontraste entwickeln.

Variation 1 *Tumbling Blocks*

Meine gute Freundin Robin Morrison hat meinem Patchwork lange nur von weitem zugesehen. Eines Tages aber war sie soweit und wollte selbst einen Quilt nähen, sie wußte nur nicht wie. Ich schlug vor, mit der Wahl

des Quiltmusters anzufangen, und zeigte ihr das „Tumbling Blocks"-Muster. Es gefiel ihr, also machten wir uns an den Entwurf. Als erstes entstand ein Sechseck, das in drei identische Rhomben aufgeteilt wurde (Abbildung 84B). Die Rhomben waren Vorlage für die Schablonen (Abbildung 85). Der Rhombus ist die Grundform des Musters (Teil A), und an den Rändern des Quilts sind andere Schablonen nötig – der längs halbierte Rhombus (B) für das obere und untere Ende des Quilts, der quer halbierte Rhombus (C) für beide Seiten und das noch einmal halbierte Teil C (D) für die Ecken.

Dann zeigte ich Robin, wie man die Rhomben zu einer Einheit zusammenlegt und innerhalb dieses Blocks die Verteilung von Hell, Mittel und Dunkel plant. Die fertigen Einheiten müssen alle in eine Richtung gelegt und so zusammengenäht werden, daß die Anordnung von Hell, Mittel und Dunkel gleich bleibt.

Zusammengelegt scheinen die kleinen Einheiten völlig zu verschwinden, und die dreidimensionalen „Tumbling Blocks" werden sichtbar (Abbildung 86). Mit den hier angegebenen Schablonengrößen wird diese „Tumbling Block"-Einheit 20,3 cm lang von Seite zu Seite, und 23 cm lang von Spitze zu Spitze (fertig umsäumt).

Robin meinte, daß sie Rot, Blau und Lila gern mag und diese Farben in ihrem Quilt einarbeiten wolle. Ich er-

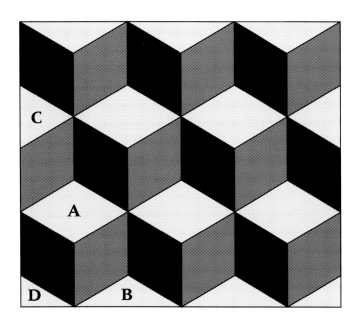

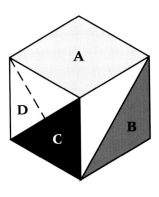

Abbildung 84A und B *Skizze des „Tumbling Block"-Musters, und das Sechseck, Vorlage für die Schablonen*

läuterte kurz mein Farbsystem, betonte wie wichtig vor allem das Abstufen ist, und gab ihr eine Portable Palette® (siehe die Hinweise zu Hilfsmitteln im Anhang) zur Ansicht mit. Sie fand rote, blaue und violette Farbproben darauf, die ihr zusagten, und so drückte ich ihr die Portable Palette® in die Hand mit der Auflage,

erst wieder zu kommen, wenn sie all die Farben in einer fließenden Palettenordnung abgestuft hätte, ohne Sprünge zwischen Hell und Dunkel oder zwischen zwei Farben. Die von ihr zuerst ausgesuchten Farben, die abgestufte Palette dazu und ihr fertiger erster Quilt sind in den Abbildungen 87 und 88 zu sehen.

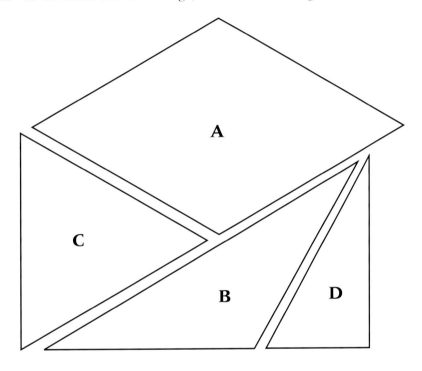

Abbildung 85 *Schablonen für den 60°-Rhombus.*
Achtung: Auf allen Seiten müssen 6 mm Nahtzugabe zugegeben werden

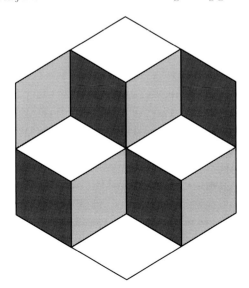

Abbildung 86 *Einheit für das Zusammennähen des „Tumbling Block"-Musters*

Abbildung 87
Palette aus abgestuftem Rot, Blau und Violett,
mit der Robin Morrison ihren
„Tumbling Blocks"-Quilt entwarf und nähte

Abbildung 88 *„Tumbling Blocks"-Quilt von Robin Morrison*

Abbildung 89 *„Vasarely II" von Jinny Beyer, gequiltet von Toni Smith*

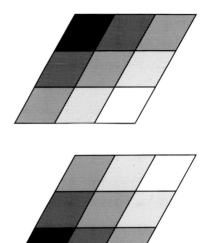

Variation 2 *„Vasarely II" und „Autumn Pond"*

Eines Tages äußerte mein Freund Jeff Bartee sein Interesse daran, einen Quilt selbst zu entwerfen und zu nähen. Ihm gefielen Quiltentwürfe mit Tiefenwirkung oder einer optischen Täuschung am besten. Wieder kam ich auf den 60°-Rhombus zu sprechen und zeigte ihm den Rhombus in einer ganz anderen Zusammensetzung in meinem kleinen Quilt „Vasarely II" in Abbildung 89. Hier bilden neun Rhomben einen großen Rhombus, die Einheiten sind in Längs- oder Querrichtung von Hell nach Dunkel abgestuft. Die einzelnen Einheiten sind wie „Tumbling Blocks" arrangiert, aber vereinzelt liegen zwei Blöcke übereinander und dann erst kommt der „Deckel". Abbildung 90 zeigt die abgestuften Einheiten und Abbildung 91 den Lageplan der Einheiten. Halbe Einheiten füllen den Entwurf zum Rand hin aus.

Meiner Meinung nach war dies ein geeignetes Vorhaben für einen Anfänger, denn die erste Aufgabe besteht nur im Zusammennähen der einzelnen Rhomben, wobei man sich nach dem Abstufungsdiagramm und dem eigenen Geschmack richtet.

Jeff wollte einen Wandbehang für seine Wohnung nähen, und er mag starke Farben. Ein Zimmer hatte er mit einem Dekorationsstoff in den Farben Rot, Gelb, Orange, Blau, Khaki und Gold eingerichtet, und diese Farben sollten auch in seinem Quilt vorkommen. Er war aber unsicher, ob man alle diese Farben in einem Quilt zusammenbringen konnte. Ich versicherte, daß alles möglich ist, wenn die Farben zueinander abgestuft sind, und daß durch das Abstufen wahrscheinlich noch weitere Farben hinzukommen, die ihm sonst vielleicht nicht eingefallen wären, die aber für ein vollendetes Farbschema unerläßlich sind. In diesem Fall stellte die Zugabe von Violett- und Brauntönen den Zusammenhang zwischen allen Farben her. Jeffs fertiger Quilt und seine Palette dazu sind in den Abbildungen 92 und 93 gezeigt. Beachten Sie, wie Jeff die Anordnung der Einheiten im Quilt „Autumn Pond" variiert hat, so daß ein größeres Sechseck entstand an Stelle des Rechtecks in meinem Quilt „Vasarely II". Den Stoff, der Anlaß und Vorlage für sein Farbschema war, hat er im Rand vom Quilt verwendet.

Abbildung 90
Hier sehen Sie, wie die Einheiten für den Quilt „Vasarely II" abgestuft wurden

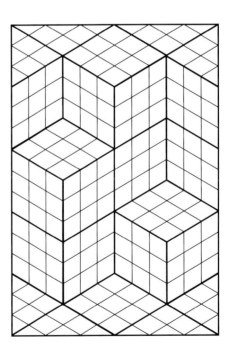

Abbildung 91
Lageplan der Einheiten für den Quilt „Vasarely II"

Abbildung 92
Palette, nach der „Autumn Pond" entstand

Abbildung 93 *Quilt „Autumn Pond" von Jeff Bartee*

Variation 3 *„Bound to be Charming"*

In Jennifer Heffernans Quilt ist die Grundeinheit dieselbe wie in den beiden vorhergegangenen Quilts – neun Rhomben bilden zusammen einen großen Rhombus –, aber in diesem „Charm"-Quilt (Abbildung 94) sind die Rhomben anders abgestuft. Bei einem „Charm"-Quilt besteht jedes Teil aus einem anderen Stoff. Jennifer hat

insgesamt 930 verschiedene Stoffstücke in diesem Quilt einschließlich Rand verwendet.

In der Variation 2 sind die Unterschiede zwischen den langsam abgestuften Rhomben sehr fein, in Jennifers Version entsteht das Muster aus einem hohen Hell-Dunkel-Kontrast. Eine abgestufte Einheit und die Zusammenstellung mehrerer Rhomben zu einem großen Rhombus sind in Abbildung 96 gezeigt.

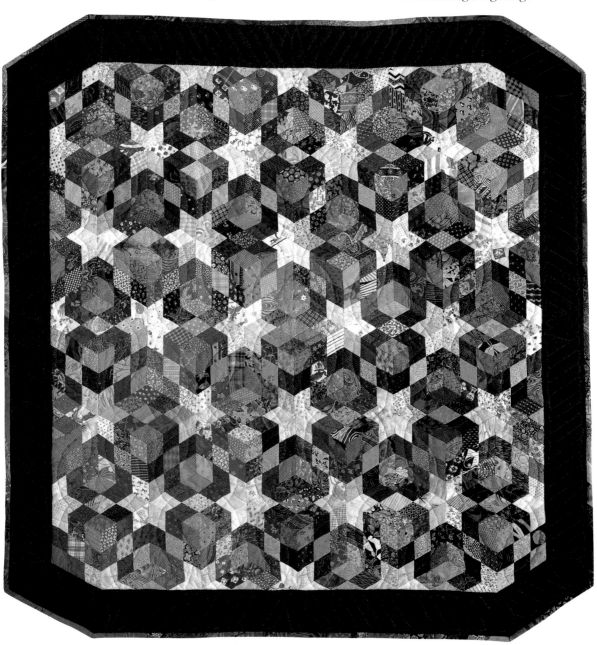

Abbildung 94 *„Bound to be Charming" von Jennifer Heffernan*

Abbildung 95
*Farbpalette für den Quilt
„Bound to be Charming"*

Abbildung 96 *Abgestufte Grundeinheit (rechts) und Lageplan dieser Einheiten
für den Quilt „Bound to be Charming" in Abbildung 94*

Variation 4 *Jungle Stars*

Auch Jay Romano hat für ihren Quilt „Jungle Stars" das 60°-Rhombus-Muster genommen und dazu einen halben Rhombus (Schablonen A und C in Abbildung 85) und ein Sechseck (E) und größere Dreiecke (F und G), die Schablonen sind in Abbildung 98 dargestellt. Mit der Palette, die auf dem Dschungel-Stoff basiert, stellte sie die verschiedensten sechszackigen Sterne zusammen. Ein paar Sterne bestehen nur aus Rhomben, andere haben ein Sechseck in der Mitte und Dreiecke (halbe Rhomben, C) als Spitzen, und es gibt auch Sterne ganz aus Dreiecken (Abbildung 97). Für die großen Sechseck-Einheiten wurden zwischen alle Sternspitzen Rhomben (A) eingesetzt. Diese Sechseck-Einheit hat dieselben Maße (20×23 cm) wie das Sechseck der „Tumbling Blocks"-Variation von Abbildung 56. Schließlich wurden alle Stern-Sechsecke mit dem großen Dreieck (F) dazwischen zusammengefügt (Abbildung 97), wodurch eine interessante optische Illusion von kleinen Sternen in größeren Sternen entstand.

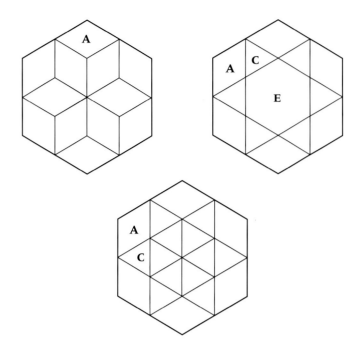

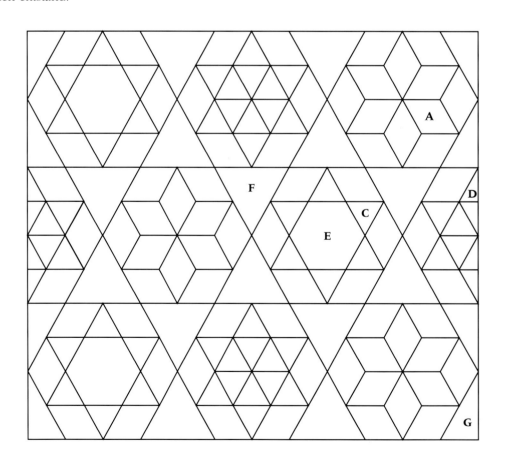

Abbildung 97 *Sternvariationen aus 60°-Rhomben vom „Jungle Stars"-Quilt, darunter eine Übersicht des ganzen Entwurfs*

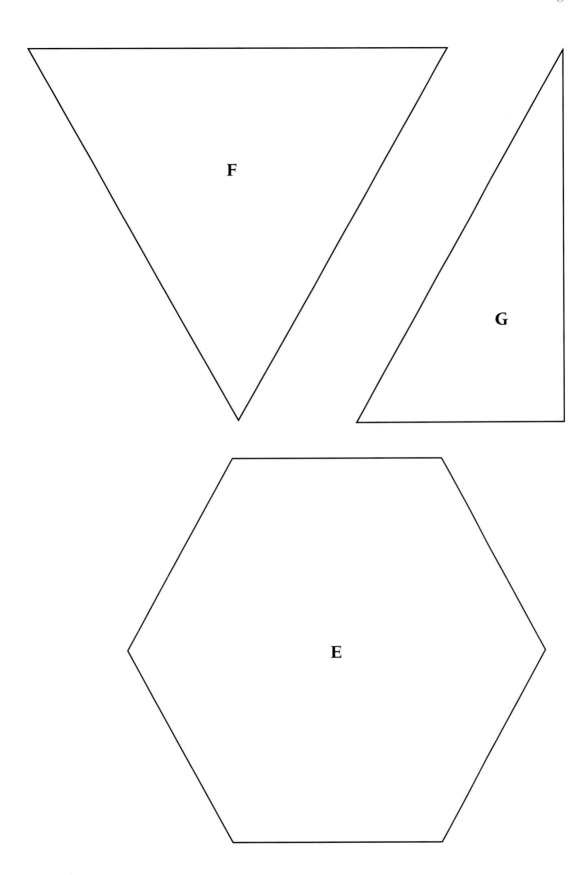

Abbildung 98 *Zusätzliche Schablonen für den Quilt „Jungle Stars".*
Achtung: auf allen Seiten 6 mm Nahtzugabe dazugeben!

Building Blocks-Muster *Vier Variationen*

„Building Blocks" ist ein weiteres Muster, das viele Gestaltungsmöglichkeiten von Mustern und Farben bietet.

Variation 1 *Building Blocks*

Die Schablonen von Abbildung 99 ergeben einen Basisblock von 20×20 cm Größe. Achtung: Beim Zuschneiden der Stoffe mit Schablone zwei, dem Parallelogramm, werden vier Teile wie dargestellt zugeschnitten und die anderen vier mit umgedrehter Schablone. Kopieren Sie die Zeichnung vom Basisblock und malen sie mit verschiedenen Grautönen aus. Dann kopieren Sie Ihre Zeichnungen mehrmals, legen sie zusammen und suchen sich die schönste Schwarzweißversion aus. Abbildung 100 zeigt eine Version aus neun Blöcken.

Wo die Blockecken zusammenstoßen, entsteht ein Quadrat aus kleinen Dreiecken. Das kann man gleich als Quadrat zuschneiden (Schablone 3) und nicht erst aus vier Dreiecken zusammensetzen.

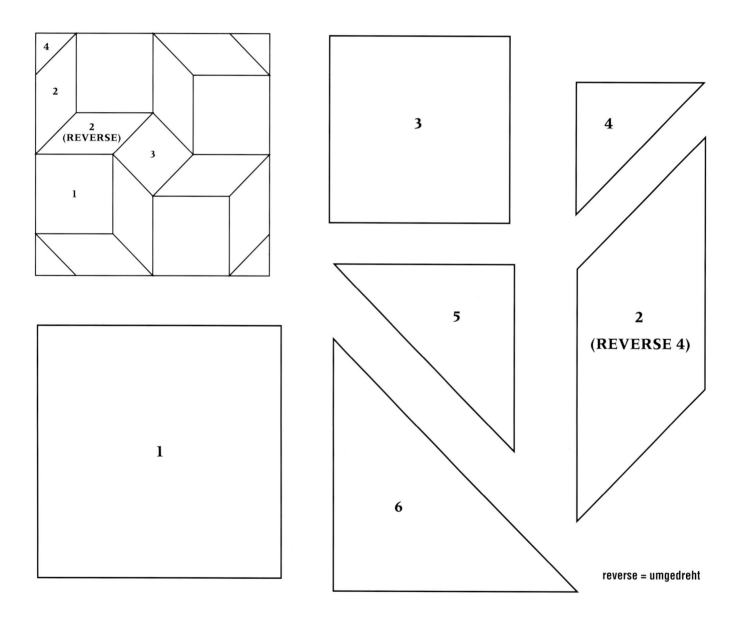

Abbildung 99 *Zeichnung eines Basisblocks von „Building Blocks" und die benötigten Schablonen. Achtung: 6 mm Nahtzugabe auf allen Seiten der Schablonen zugeben!*

Abbildung 100
Eine „Building Blocks“-Variation in Schwarzweiß

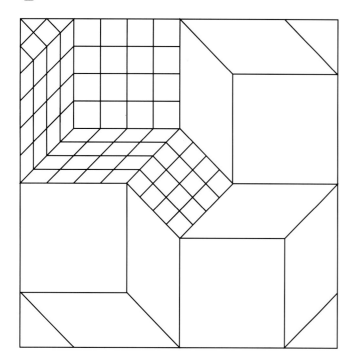

Abbildung 101 *Zeichnung eines teilweise und eines vollständig unterteilten Blocks. In dieser Version wird jede Einheit vierfach unterteilt, so daß insgesamt 16 Teile pro Einheit entstehen*

Variation 2   *Ein einzelner unterteilter Block*

Eine interessante Variationsmöglichkeit mit dem „Building Block"-Muster ist die Unterteilung. Man nimmt dazu einen einzelnen Block, vergrößert ihn und unterteilt seine Bestandteile, das heißt, ein Quadrat wird in kleinere Quadrate aufgebrochen, ein Parallelogramm in kleinere Parallelogramme und so weiter, siehe Abbildung 101.

Um ein Muster zu unterteilen, muß man es nicht erst vergrößern und dann zerlegen. Am besten fängt man mit einer brauchbaren Größe für die Grundeinheit an und baut diese bis zur gewünschten Größe zusammen, wobei sogenannte Unterteilungen entstehen. Man kann im unterteilten Entwurf dieselben Schablonen wie im Basisblock benutzen.

Als erstes legt man die Quiltgröße fest; daraus ergibt sich die Anzahl von Unterteilungen von jeder Einheit und damit auch die Anzahl von Parallelogrammen, Quadraten und Dreiecken darin. Nehmen wir das „Building Blocks"-Muster in der Größe 20×20 cm von Abbildung 90. Bei drei Unterteilungen jeder Seite eines Blocks würde jede Schablone neunmal benutzt werden bei einer fertigen Blockgröße von 61×61 cm. Vier Unterteilungen würden dazu führen, daß jede Schablone 16mal benutzt wird, und die fertige Blockgröße auf 81×81 cm bringen. Fünf Unterteilungen führen zu 102×102 cm, sechs Unterteilungen zu 122×122 cm endgültigen Blockgrößen. Beim Unterteilen dieses Blocks sahen die Dreiecke in den Ecken zu klein aus. Deshalb vereinte ich die Dreiecke zu einem Quadrat (Schnittmusterteile 3 und 5), wodurch ein weiteres Quadrat angedeutet wird, siehe Abbildung 101. Die Abbildungen 102 und 103 zeigen zwei Quiltvariationen nach diesem Entwurf und mit unterschiedlichen Farbkombinationen.

Wenn Sie Lust haben, diese Variation nachzuarbeiten, sollten Sie als erstes die Zeichnung in Abbildung 101 kopieren und auf verschiedene Arten mit Schwarz/Grau ausmalen. Die Einheiten sind in diesem Fall unterteilte Parallelogramme, Dreiecke und Quadrate. Betrachten Sie die Schattierungen in den Quilts der Abbildungen 102 und 103. Diese Quilts können Ihnen als Anleitung dienen, wie man von Dunkel nach Hell abstufen könnte, von Spitze zu Spitze oder seitwärts usw. Wenn die Einheiten ausgemalt sind, werden sie kopiert, ausgeschnitten und so lange neu zusammengelegt, bis Sie mit dem Ergebnis zufrieden sind. Dann können die Stoffe anhand der Palette zusammengestellt werden, mit der Zeichnung der Hell-Dunkel-Schattierung als Vorlage.

Abbildung 102 *„Building Blocks"-Variation, ein unterteilter Entwurf mit drei Teilelementen. Entworfen und genäht von Jinny Beyer, gequiltet von Toni Smith*

Abbildung 103 *„Building Blocks"-Variation mit drei Unterteilungen.*
Entworfen und genäht von Jinny Beyer, gequiltet von Toni Smith

Variation 3   *Vier unterteilte Blöcke*

Man kann auch zwei oder mehr unterteilte Blöcke zusammenlegen. Die Zeichnung in Abbildung 104 zeigt vier unterteilte Blöcke, jeweils mit vier Teilelementen. Dieser Quilt wäre genäht 163×163 cm groß.

Abbildung 104 *Zusammenstellung von vier unterteilten Blöcken vom „Building Blocks"-Muster*

Variation 4 *Boxes and Stars*

Sehen Sie sich noch einmal die beiden blauen Quilts „Boxes and Stars" in Abbildung 27 und 29 an. Man kann für diese Variation dieselben Schablonen nehmen wie für „Building Blocks" (Seite 118). Die Zeichnung in Abbildung 105 nennt die passenden Schablonen für dieses Muster.

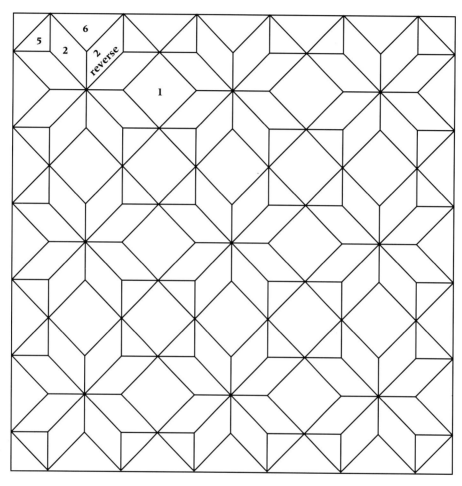

reverse = umgedreht

Abbildung 105 *Die Zeichnung der „Boxes and Stars"-Variation zeigt, welche Schablonen Sie brauchen und wie die Einheiten zusammengesetzt sind*

Das Rolling Star-Muster *Drei Variationen*

Auch das „Rolling Star-Muster" bietet sich für unterschiedliche Entwürfe und Farbzusammenstellungen an.
Für die Grundeinheit sind nur drei Schablonen nötig:
ein Rhombus (A), ein Quadrat (B) und ein Dreieck (C).
Die hier abgebildeten Schablonengrößen ergeben einen
24 × 24 cm großen Block.

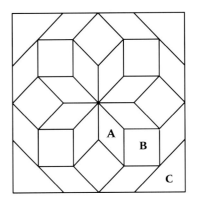

Variation 1 *Rolling Star*

Sehen Sie sich noch einmal die drei „Rolling Star"-Quilts
der Abbildungen 73, 76 und 78 an. Man könnte dieses
Muster mit erweiterter Palette und „gestreuter" Farbgebung ausführen oder mit verkleinerter Palette und regel-
mäßiger Farbanordnung, wie im vorigen Kapitel beschrieben. (Sehen Sie sich auch noch einmal die Seiten 102
und 103 an, wie unterschiedlich das Muster bei verschiedenen Schattierungen aussieht.) Auf mehreren Kopien
der Zeichnung können Sie so viele Schattierungen ausprobieren, bis Sie mit einer Lösung zufrieden sind.

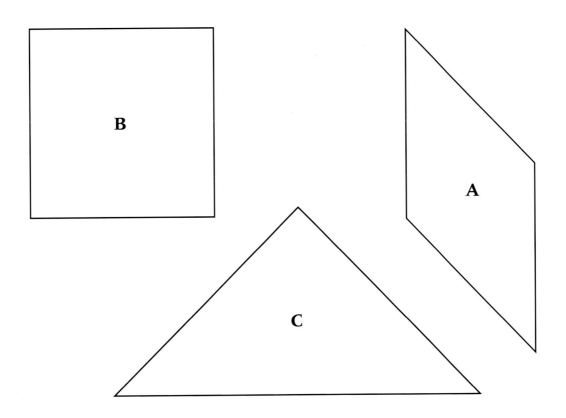

Abbildung 106 *„Rolling Star"-Block und Schablonen.*
Achtung: 6 mm Nahtzugabe auf allen Seiten zugeben!

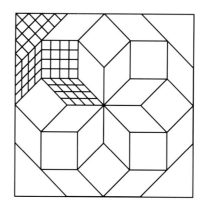

Variation 2 *Ein einzelner unterteilter Block*

Eine weitere Variationsmöglichkeit für dieses Muster ist das Unterteilen, wie es bei der „Building Blocks"-Variation 2 gezeigt wurde. Die Zeichnung in Abbildung 107 können Sie kopieren und schwarzweiß ausmalen. Denken sie sich wieder so viele Schattierungsmöglichkeiten aus wie möglich, kopieren sie und bauen das Muster neu damit auf. Kathy Light Smiths Quilt der Abbildung 108 stellt nur eine von vielen Möglichkeiten dar, mit Abstufungen einen unterteilten „Rolling Star"-Quilt zu entwerfen.

Dieselben Schablonen vom „Rolling Star"-Block (Abbildung 106) können bei dieser Variation verwendet werden. Das ursprüngliche Muster ist 24×24 cm groß, deshalb ergibt eine dreifache Unterteilung jeder Form ein Quadrat von 72×72 cm; eine vierfache ergibt 97×97 cm, eine fünffache 121×121 cm und eine sechsfache Unterteilung eine Quiltgröße von 145×145 cm.

Abbildung 107 *Teilweise und vollständig unterteilte „Rolling Star"-Blöcke*

Abbildung 108
Unterteilter „Rolling Star"-Quilt von Kathy Light Smith

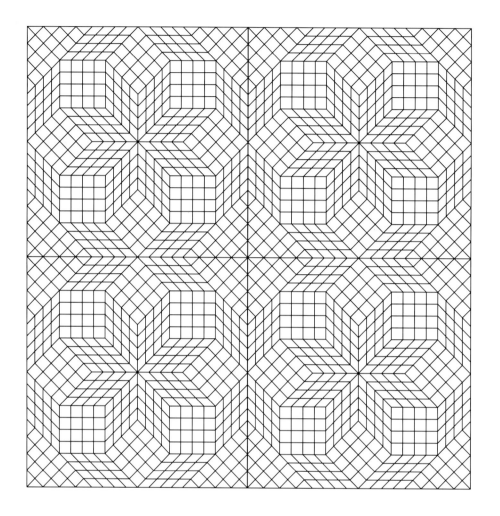

Abbildung 109 *Vier unterteilte „Rolling Star"-Blöcke zusammengelegt*

Variation 3   *Vier unterteilte Blöcke*

Auch hier kann man vier unterteilte Blöcke zu einem großen Quilt zusammenlegen (Abbildung 109). Dabei führen vier Unterteilungen jeder Einheit zu einem 145×145 cm großen Quadrat.

Genießen Sie das neue Vertrauen in Ihre Farbgebung!

Welches Muster Sie für Ihre erste Arbeit mit der Palette auch ausgewählt haben – ich hoffe, daß die Informationen in diesem Buch Ihnen geholfen haben, mehr Selbstvertrauen im Umgang mit Farbe zu gewinnen. Das sollte nicht nur für Quilts, sondern auch für viele andere Farbfragen gelten. Denken Sie daran: Entscheidend sind nicht die Grundfarben, die Ihnen zuerst für Ihre Arbeit einfallen, sondern all die zusätzlichen Farben, die Sie gestalterisch hinzufügen. Nehmen Sie Farben, die Sie mögen und mit denen Sie arbeiten wollen, und lassen Sie sich nicht vom Geschmack anderer Leute beeinflussen. Jeder Quilt trägt Ihren ganz persönlichen Ausdruck! Ich hoffe sehr, daß mein Buch dazu beigetragen hat, Ihr Selbstvertrauen soweit zu stärken, daß Sie von nun an Ihren ureigenen Gefühlen und Gedanken Ausdruck geben können!

Vorschläge für Kursleiter

Dieses Buch kann als Lehrbuch in einem Kurs benutzt werden, in dem Teilnehmer die Übungen unter Ihrer Anleitung machen. Die Schüler und Schülerinnen können mit den Papier-Farbproben aus dem Buch arbeiten, oder Sie bereiten selbst Stoff-Farbproben für den Kurs vor, oder Sie bestellen solche (siehe die Hinweise zu Hilfsmitteln auf den Seiten 134 und 135). Im Folgenden sind mehrere Kurse von unterschiedlicher Dauer besprochen. Sie finden hier Übungen, die in den vorangegangenen Kapiteln ausführlich erläutert wurden, mit Zeitangaben, wie lange die Schüler zur Bewältigung einer Aufgabe in etwa brauchen. Außerdem gebe ich Ihnen einige Beispiele, wie ich selbst die verschiedenen Übungen einsetze.

Anschauungsmaterial, das der Kursleiter mitbringen sollte:

• Meisterpalette

Am besten eignet sich eine von Ihnen hergestellte Meisterpalette aus Stoffen, die groß genug zum Ausstellen ist. Andernfalls können auch die zwei hinten im Buch abgebildeten Paletten als Beispiel gezeigt werden.

• Portable Palette® (tragbare Palette)

Meine Portable Palette® ist ein sehr praktisches Hilfsmittel zum Demonstrieren von Abstufungen, zur Präsentation bestimmter Farbproben und ähnlichem.

• Beispielhafte Quilts

Man sollte zumindest einen fertigen Quilt zum Vorzeigen dabei haben und auch die Palette, nach der dieser Quilt entstand.

• Thematische Stoffe

Diese Art von Druckmuster brauchen Sie, falls Teilnehmer vergessen, selber eins mitzubringen, und Sie vorführen wollen, wie man Farben mit einem Musterstoff koordiniert.

Kurse mit Übungsaufgaben

Übung 1   *Eine eigene Meisterpalette zusammenstellen*

Dauer der Übung: ungefähr 1 Stunde 45 Minuten

Mit dieser Übung fangen alle meine Farbkurse an. Ich halte kurz eine meiner Meisterpaletten hoch, um die fließenden Übergänge beim Abstufen zu zeigen (lassen Sie die Palette nicht offen herumliegen, denn es gibt immer Teilnehmer, die meinen, daß nur so abgestuft werden kann, und sie versuchen sie nachzumachen). Ich gebe kurze Anleitungen, wie nach Farbe und Grautönen sortiert wird, wie die Farbproben zu einem geschlossenen Kreis gelegt werden oder zu einer Hufeisenform mit zwei offenen Enden, und wie bis zu zwei Farbproben ausgelassen werden können.

Wenn alle Teilnehmer fertig sortiert und abgestuft haben, werden die Farbproben auf Pappe aufgeklebt und von jeder Farbprobe $1/3$ für andere Übungen abgeschnitten. Anschließend erkläre ich ca. 20 Minuten lang mein Farbsystem und die Bedeutung des Abstufens, des Tiefdunklen und des Akzents. Ich zeige einige meiner Quilts und die dazugehörigen Paletten; Sie selbst können auf Quilts und entsprechende Paletten in diesem Buch hinweisen.

Übung 2   *Alles ist möglich*

Dauer der Übung – ca. 15 Minuten

Teilnehmer können diese Übungsaufgabe mit meiner Portable Palette®, den Meisterpaletten in diesem Buch, ihren eigenen Meisterpaletten oder mit allen drei Paletten machen. Mit dieser Übung entdecken die Schüler, wie viele wunderschöne Farbkombinationen es gibt.

Übung 3   *Abstufen von zwei Farben*

Dauer von Anleitung und Demonstration: ca. 10 Minuten
Dauer der Übung: ca. 10 Minuten pro Farbsatz

Am Anfang dieser Übung zeige ich eine Meisterpalette und bitte einzelne Schüler, zwei Farben aus der Palette auszuwählen, von denen sie glauben, daß sie überhaupt nicht zusammenpassen. Ich ziehe beide Farben aus meiner Portable Palette® heraus, halte sie hoch und fahre fort, indem ich sie vor den Augen der Kursteilnehmer zueinander abstufe. Meist ist das Erstaunen groß, wenn sie sehen, wie gut sie abgestuft zusammen aussehen.

Als nächstes stufen die Teilnehmer selbst zwei Farbproben (aus einer Portable Palette® oder losen Stoffproben) zueinander ab; meist lasse ich sie zu zweit oder zu dritt arbeiten. Wenn alle fertig sind, sollten alle die Ergebnisse von allen Gruppen begutachten. So sehen die Teilnehmer gleich, wie viel unterschiedliche Möglichkeiten abzustufen es gibt.

Nach dem Abstufen eines Farbsatzes in der Gruppe lassen Sie jeden seine eigene Abstufung erarbeiten.

Übung 4   *Drei Farben abstufen*

Dauer der Übung: ca. 10 – 15 Minuten pro Farbsatz

Arbeitsweise siehe 3. Übungsaufgabe.

Übung 5   *Mit einem monochromen Farbschema arbeiten*

Dauer der Übung: ca. 10 Minuten

Folgen Sie den Angaben im Buch.

Übung 6   *Wie viele unterschiedliche Druckmuster sind in Ihrer Stoffsammlung?*

Dauer der Übung: ca. 20 Minuten

Ich lasse diese Übung machen, wenn Teilnehmer viele Stoffe zum Kurs mitbringen. Erst erkläre ich die verschiedenen Strukturen von Druckmustern, dann teile ich mehrere fotokopierte Seiten aus mit schwarzweißen Abbildungen verschiedener Druckmuster, aus denen jeder 12 möglichst unterschiedliche Strukturen aussuchen und ausschneiden soll. Es ist wichtig, viele unterschiedliche Druckmuster dabei zu haben und auch viele mit sehr ähnlicher Struktur.

Übung 7   *Eine kleinere Anzahl von Farben aus einer größeren Palette auswählen*

Dauer der Übung: ca. 15 Minuten

Ich lasse diese Übung oft direkt nach der 3. oder 4. Übung machen. Folgen Sie den Anweisungen im 4. Kapitel.

Übung 8   *Stoffe mit thematischen Stoffen koordinieren*

Dauer der Übung: insgesamt ca. 45 Minuten
davon Einführung Kursleiter: ca. 15 Minuten
Gruppenübung: ca. 15 Minuten
Einzelübung: ca. 15 Minuten

Diese Übung ist Bestandteil aller meiner Farbkurse. Ich arbeite mit Quilt-Serien ähnlich wie die „Midnight Star" und

„Rolling Star"-Serien, die auf den Seiten 84 bis 90 besprochen wurden. Vor Kursbeginn hänge ich diese Quilts auf und gebe jedem eine Nummer. Beim Hereinkommen bitte ich die Kursteilnehmer, ihren Lieblingsquilt aus jeder Serie auf einem Stück Papier zu notieren. Während sie dann ihre Meisterpaletten zusammenstellen, zähle ich die Stimmzettel aus. Später, wenn ich mein Farbsystem erkläre und die „Sucht nach der gleichen Farbe" anspreche, nehme ich die Gewinner als anschauliches Beispiel.

Am besten entwerfen Sie eine ähnliche Quilt-Serie um einen eigenen thematischen Stoff herum oder lassen Ihre Schüler zumindest die Serien in diesem Buch betrachten und dann wählen. Ich finde es besser, wenn die Abstimmung vor Kursbeginn stattfindet, denn so findet man die wirkliche Meinung der Teilnehmer heraus. Es ist interessant, daß das Wahlergebnis fast immer gleich ausfällt: Von 25 Teilnehmern stimmen zwei bis drei für den Quilt aus genau farbgleichen Stoffen, die übrigen Stimmen verteilen sich ziemlich gleichmäßig auf die beiden anderen Quilts der Serie.

Diese Übung sollte erst einmal in Gruppen von zwei oder drei Teilnehmern gemacht werden. Ich bringe immer einen halben Meter von unterschiedlichen mehrfarbigen thematischen Stoffen zum Kurs und gebe je einen an jede Gruppe. Mit einer Portable Palette® oder den losen Stoffproben eines Teilnehmers können sie dann diese Übung machen. Als nächstes können alle dann mit ihrem eigenen mitgebrachten thematischen Stoff diese Übung allein durcharbeiten.

Grundkurse in „Jinny Beyers Farblehre"

3-Stunden-Kurs: Übungen 1, 2, 3, 5 und 7

5-Stunden-Kurs: Übungen 1, 2, 3, 4, 5, 7 und 8

2-Tage-Kurs: Am ersten Tag sollten Sie die Übungen 1, 2, 3 und 5 machen lassen und über die Quilts abstimmen lassen (als Vorbereitung auf Übung 8). Am Ende des ersten Tages erfahren die Teilnehmer, daß sie am folgenden Tag einen thematischen Stoff und verschiedene Stoffe aus der eigenen Kollektion für die Strukturübung mitbringen sollen. Am nächsten Tag können Sie dann die Übungsaufgaben 4, 6 und 7 erläutern und machen lassen und ganz zum Schluß auch Übung 8.

Palettenübungen für Quilts

Sie können nach dem Basiskurs in „Jinny Beyers Farblehre" einen 6teiligen Kurs als Fortsetzung anbieten, um die Teilnehmer anzuleiten und die gelernte Methodik zu festigen. Folgen Sie den Schritten 1 bis 8 in Kapitel 6.

In den nachfolgend aufgeführten Patchwork-Fachgeschäften erhalten Sie original Patchwork-Stoffe der RJR Fashion Fabrics USA *(Jinny Beyer) insbesondere die Basic Realities 2000 von Jinny Beyer*

Postleitzahl-Gebiet 1

Tausend und eine Naht
Jutta Neubert
Damaschkestr. 33 · 10711 Berlin-Charlottenburg
Tel. (0 30) 32 70 15 23 · Fax (0 30) 32 70 15 25

Der Fingerhut
Georgia Bolowski
Goltzstr. 39 · 12307 Berlin-Lichtenrade
Tel. (0 30) 7 44 80 59

Stick-Werkstatt
Regina Schäfer
Alt-Rudow 49 · 12355 Berlin-Neukölln
Tel. (01 73) 2 34 74 49

Postleitzahl-Gebiet 2

Quilt-Garden
Ilse-Marie Werner
Im Hagenacker 7 · 21407 Deutsch Evern
Tel. + Fax (0 41 31) 7 94 65

Patchwork Frede
Christiane Frede
Wandsbeker Chaussee 123 · 22089 Hamburg-Eilbek
Tel. (0 40) 29 82 21 15 · Fax (0 40) 29 82 21 16

Handarbeiten-Patchwork
Wiebke Maschitzki
Scharnhagener Str. 16 · 24229 Dänischenhagen
Tel. (0 43 49) 12 06

Handarbeiten in Plön
Antje Wiedmann
Lange Str. 42 · 24306 Plön
Tel. (0 45 22) 10 86

Quilt Shop
Ruth Leitz
Ulzburger Landstr. 445 · 25451 Quickborn
Tel. (0 41 06) 7 13 80 · Fax (0 41 06) 7 82 95

A. Stender
Handarbeits- + Nähmaschinen-Fachgeschäft
Krämerstr. 2 · 25813 Husum
Tel. (0 48 41) 32 40

Werkladen Patchwork & Quilts
Antje Hantelmann-Pundt
Mühlenstr. 87 · 26180 Rastede
Tel. (0 44 02) 8 32 52

Friesisches Landhausatelier
Renate Ihlo
Funnenser Altendeich 3 · 26434 Wangerland
Tel. (0 44 63) 52 64

Nähzentrum Rauert
Neutorstr. 27 · 26721 Emden
Tel. (0 49 21) 2 13 52 · Fax (0 49 21) 3 24 01

Patchwork & Handarbeiten
Ulrike Vosteen-Hedemann
Parkstr. 49 · 27798 Hude

Puppenstube
M. Th. Ollevier-Schumacher
Avenue Sangnier 1 · 28857 Syke-Henstedt
Tel. (0 42 42) 5 06 17

Gisela Tabel
Vogt-Schmidt-Str. 14 A · 25462 Rellingen
Tel. (0 41 01) 20 65 59

Lana Materia
Dagmar Ohlsen
Walsroder Str. 5 · 29683 Fallingbostel
Tel. (0 51 62) 9 12 79/80 · Fax (0 51 62) 9 12 81

Postleitzahl-Gebiet 3

Nancye Jäkel's Quilt Studio
Nancye Jäkel
Richard-Lattorf-Str. 33, Ecke Tegtmeyerallee
30453 Hannover-Ahlem
Tel. (05 11) 48 27 47 · Fax (05 11) 48 27 58

Die Handarbeitsstube
Marion Pöplau
Mittelstr. 2 · 31061 Alfeld
Tel. (0 51 81) 2 44 81

Patchwork and Quilts
Rosemarie Reinelt
Oststr. 41 A · 33332 Gütersloh
Tel. (0 52 41) 23 63 60

Kreative Hände
Waltraud Gräfje
Oberer Ellenberg 18 · 35083 Wetter-Amönau
Tel. + Fax (0 64 23) 39 35

Die Scheune - Kunstwerkstatt
Hans Förster
Hundsgasse 12 · 35583 Wetzlar-Garbenheim
Tel. (0 64 41) 4 33 95

Stoffzauber
Desirée Köllner
Eichenstr. 6 · 35745 Herborn-Seelbach
Tel. (0 27 72) 96 40 18 · Fax (0 27 72) 64 49 99

Puppen-Atelier
Hildegard Hahn
In den Blumentriften 16 · 38226 Salzgitter-Lebenstedt
Tel. (0 53 41) 17 53 37

„Das Püppchen"
Dagmar Meißner
Hinter Liebfrauen 6 · 38100 Braunschweig
Tel. (05 31) 4 49 51

Postleitzahl-Gebiet 4

Bar Kreativ
G. Müller - M. Hennes GbR.
Weserstr. 11 · 45136 Essen
Tel. + Fax (02 01) 2 66 73 16

Patchworkstube Westerholt
Erika Schimanski
Bahnhofstr. 38 a · 45701 Herten
Tel. (02 09) 35 89 69

S'Lädle
Ulrike Knorreck
Franz-Haniel-Str. 39 · 47443 Moers
Tel. (0 28 41) 50 89 70

Quilt & Co.
Claudia Pfeil
Westwall 58 · 47798 Krefeld
Tel. (0 21 51) 77 38 51

Kosmetik & Patchwork
Monika Derendorf-Sehr
Drubbel 1–2 · 48143 Münster
Tel. (0 2 51) 4 63 40 · Fax (0 2 51) 9 87 65 68

TraumStoff
Bärbel Dirks
Große Gildewart 35 · 49074 Osnabrück
Tel. + Fax (05 41) 2 02 36 23

Fingerhut
Claudia M. Huber
Meller Str. 195 · 49084 Osnabrück
Tel. (05 41) 5 30 01 · Fax (05 41) 5 30 05

Jutta's Lädchen
Jutta Mertelsmann
Mühlenstr. 21 · 49324 Melle
Tel. (0 54 22) 4 96 46

Nähmaschinen Kleemann
Monika Rump
Lange Str. 49 · 49733 Haren/Ems
Tel. (0 59 32) 7 11 51 · Fax (0 59 32) 7 11 50

Postleitzahl-Gebiet 5

„The Schnitzlers"
Karl-Josef Schnitzler
Hauptstr. 98 · 52372 Kreuzau
Tel. (0 24 22) 53 50 · Fax (0 24 22) 79 88

The Log Cabin
Jacqueline & Sandra
Im Langental 56 · 52538 Hillensberg
Tel. (0 24 56) 41 55

Patchwork, Quilts & More
Dr. Michaela Soost
Eichenweg 6 · 53578 Windhagen
Tel. (0 26 45) 97 04 33 · Fax (0 26 45) 97 04 35

Stoffe – Patchwork – Quilts
Heide Ulbrecht
Bahnhofstr. 26 · 53773 Hennef
Tel. (0 22 42) 45 75

Kommödchen
Elfie Bonk
Hauptstr. 29 · 53804 Much
Tel. (0 22 45) 82 61 · Fax (0 22 45) 83 64

Landhausstübchen
Ulrike Becker
Orbachstr. 13 · 53913 Swisttal-Odendorf
Tel. (0 22 55) 95 03 12

Tuchfühlung *der kreative Stoffladen*
Elke Olschowski – Christina Böhm
Bahnhofstr. 59 · 57258 Freudenberg
Tel. (0 27 34) 48 95 00 · Fax (0 27 34) 48 95 01

Patchworkschule und Art Quilt Galerie
Hille Holtschmidt-Hartung
Sonnenpfad 7 · 57392 Schmallenberg-Nordenau
Tel. (0 29 75) 6 21

Der Kreative Maulwurf
Barbara Dirks
Helfer Str. 54 · 58099 Hagen
Tel. (0 23 31) 6 82 74

Köby's Kreativ Stoffstudio
Bernd Brey
Hombrucher Weg 22 · 58638 Iserlohn
Tel. (0 23 71) 3 13 87
Di + Do 9–11 u. 15–18.30, Sa 10–13

Kaleidoskop

Gabi Tietz
Ovelgönne 52 · 59368 Werne
Tel. (0 23 89) 53 24 18 · Fax (0 23 89) 53 42 80

Handarbeitsstübchen

Ralf Brüggemann
Marktstr. 23 · 59555 Lippstadt
Tel. (0 29 41) 24 72 93

Jinny Beyer ist seit Jahren international als Lehrerin, Autorin und Vortragende in Sachen Patchwork tätig. Die zauberhaften Quilt-Kreationen der amerikanischen Meister-Patchworkerin sind weltweit bekannt, ebenso die von ihr entworfenen höchst individuellen Quilt-Stoffe, die dabei sind, in der Patchwork-Szene Deutschlands ihren Siegeszug anzutreten.

Exklusivhersteller von Jinny Beyers Stoffen ist der amerikanische Textifabrikant RJR Fabrics. Bezugsquellen für ihre Quilt-Stoffe in Deutschland finden Sie auf den vorangehenden Seiten. Jinny Beyers Original-Farbpalette wird ständig auf den neuesten Stand gebracht und erweitert. Fragen Sie Ihren Stoffhändler nach der jeweils aktuellen Palette.

Für Schüler und Lehrende nützlich ist Jinny Beyers Portable Palette® mit Original-Stoffproben, die ebenfalls über die im Buch aufgeführten Stoffhändler bezogen werden kann.

Sie können mit Jinny Beyer Kontakt aufnehmen:
Jinny Beyer Studio, P.O. Box 488, Great Falls VA 22066, USA, oder Jinnys Web Site: www.jinnybeyer.com

**Farbproben aus
Jinny Beyers Palette
und Beispiele
für Meisterpaletten**

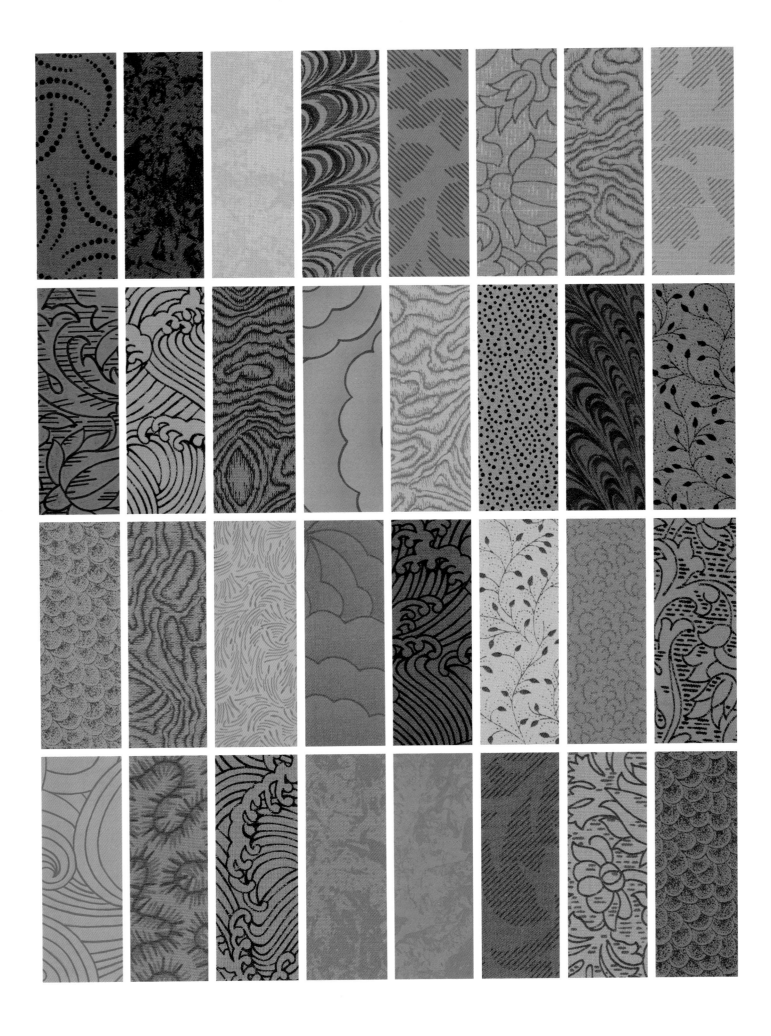

NILE	OLIVE	WEDGWOOD	GINGER	SAFARI	AQUAMARINE	TOBACCO	FOREST
EMERALD	CHESTNUT	AVOCADO	JADE	OCHER	COCOA	AZURE	HEMLOCK
DOVER	BLUE	TURQUOISE	KHAKI	IRIS	CLOVER	ASH	HOLIDAY GREEN
SPRUCE	LAGOON	PINE	CHINESE BLUE	LILAC	SMOKE	PEACOCK	SEA BLUE

| INDIGO | ROYAL | BLACK | GRAPE | MEDITER-RANEAN | AMETHYST | SABLE | HYACINTH |

| LAPIS | EGGPLANT | TWILIGHT | CHARCOAL | BLACKBERRY | CLARET | SAPPHIRE | CYPRESS |

| COPEN | GARNET | MIDNIGHT | TEAL | COBALT | DEEP SEA | BURGUNDY | TURKEY RED |

| BRICK | RASPBERRY | PURPLE | CHOCOLATE | MAROON | VIOLET | NAVY | MAGENTA |

YELLOW   MINT   SALMON   DAFFODIL   JASMINE   CARNATION   PALE BLUE   PEACH

PEARL   PALOMINO   POWDER BLUE   FOG   SAFFRON   CHIFFON   WHITE   SAND

TOPAZ   LEMON   HONEYDEW   ALABASTER   TOFFEE   GLACIER   PINK   BLUSH

APPLE GREEN   TAUPE   ICY BLUE   SILVER   AGATE   CELADON   PERIWINKLE   DOGWOOD

GERANIUM	SCARLET	WATER-MELON	ROSE	CRIMSON	COPPER	PLUM
APRICOT	POPPY	FUCHSIA	RUBY	TEA ROSE	BRONZE	CROCUS
TERRA-COTTA	CINNABAR	ORCHID	REDBUD	PAPRIKA	CARMINE	RUST
PEONY	AZALEA	CHERRY	HENNA	CORAL	MAUVE	BURNT ORANGE